旅して見つけた！地方に伝わる素朴なレシピ

世界の郷土菓子

郷 土 菓 子 研 究 社・
林 周作
Shusaku Hayashi

河出書房新社

Introduction

初めてホンモノの郷土菓子に出会ったときの衝撃、それは今でも忘れることができません。

それまでの僕は、「ヨーロッパのお菓子は洗練されていて美しい」と思い込んでいました。でも、地方の小さな町まで足を運んでみると、まったく知らなかった郷土菓子がたくさんあったのです。それは、いい意味で「だらしなく、容赦がない」ものでした。

すごく素っ気なかったり、過剰なほどゴテゴテと飾られていたり、味ももそもそしていたり、頭がしびれそうなほど甘かったり……。
その姿は、まるで家の中でくつろぐ僕たちのよう。気取ったところがなく、地元の人たちに心から愛される、とても人間くさいお菓子だったのです。

知れば知るほど、僕はもっとたくさんの郷土菓子に出会いたくなりました。
そして、2012年6月、意を決し、僕は自転車に荷物をくくりつけ、ヨーロッパから中東、アジアまで、郷土菓子をめぐる一人旅に出かけたのです。途中、一時帰国もしましたが、長い旅がすべて終わったのは、3年半後、2015年の末でした。

旅の間は、家族や友人知人だけでなく、ＳＮＳを通じて知り合った大勢の人たちが僕を励まし、応援してくれました。それだけでなく、立ち寄った国の人たちにも、とても親切にしてもらったのです。
突然現れた、見ず知らずの日本人を快く自宅に泊めてくれたり、ときにはごちそうしてくれたり、一緒に笑ったり、歌ったり。お礼に日本のお菓子や料理を作って喜ばれたこともありました。

郷土菓子のおかげで、僕は国や言葉は違っても、故郷を愛する気持ちは同じという、当たり前だけど、とても大切なことにあらためて気づくことができたのです。

この本に登場する郷土菓子は、僕が現地で食べて、感動してきたお菓子の中から、日本の人たちにも知ってもらいたいと願ったものばかりです。レシピもできるだけ現地の味を再現できるよう、日本で手に入る材料で工夫してみました。

初めて目にする郷土菓子もたくさんあると思います。そんなお菓子こそ、ぜひ挑戦してみてください。郷土菓子は自由な世界です。お菓子作りを通して、また味わうことで、その世界の広さ、奥深さを感じてもらえたら、と思っています。

お菓子作りとともに、僕の山あり谷ありの旅日記や郷土菓子の写真も楽しんでください。そして、海外旅行のときや外国料理のレストランで郷土菓子に出会うことがあったら、ぜひ食べてみて欲しいのです。

旅が終わった今、僕は世界の郷土菓子を日本に伝える「遣唐使」のような気持ちです。教えてもらった郷土菓子を東京・原宿にある小さなカフェ「Binowa Cafe」で、毎日、作り続けています。

この本を通じて、世界の郷土菓子を愛してくれる仲間を一人でも増やすことができたら、僕はとてもうれしいです。

林　周作

Contents

この本の決まり

＊ 材料は原則としてg表記ですが、g以外の単位のほうが分かりやすいものは、個数などで表記しています。

＊ 大さじは15mℓ、小さじは5mℓ、1カップは200mℓです。大さじ、小さじはすりきりで量ってください。

＊ 特にことわりがない場合、バターは食塩不使用のもの、粉糖は溶けるタイプ、卵はLサイズを使用しています。

＊ お菓子作りの型は、生地を入れる前に準備しておいてください。パウンド型や天板はオーブンシートを敷きます。

＊ 泡立ては原則としてハンドミキサーを使用。簡単に混ぜられるものは、泡立て器を使っている場合もあります。ハンドミキサーの代わりに泡立て器を使う場合は時間を長めにして、しっかりと泡立てるか、混ぜ合わせるようにしてください。

＊ オーブンを使用するレシピでは、必ず予熱しておいてください。

＊ 本書ではガスオーブンでの加熱温度、加熱時間を表記しています。電気オーブンの場合は温度や時間を調整してください。

＊ オーブンの加熱温度、加熱時間、焼きあがりは機種によって異なります。表記の時間を目安に、使用するオーブンに合わせて調整してください。

＊ 本書のレシピと国は、著者が旅をした主な順番に並んでいます。各章の地域は、その章の主な国を元に分けています。

Western Europe

西欧の郷土菓子

西ヨーロッパはフランスやイタリアなど、いわばお菓子の国が集合しています。
お店のショーケースには華やかで色とりどりのスイーツがずらり。
見ているだけでワクワクしてきます。
食材に恵まれ、ティータイムを楽しむ文化も歴史があるので、
人々は手軽にいろいろなお菓子を楽しんでいます。
そして、地元で愛されているのは、やっぱり素朴で味わい深いお菓子なのです。

フランス共和国
FRENCH REPUBLIC

Data

面積　54万4000㎢
人口　約6633万人
首都　パリ
言語　フランス語
主要産業　化学、機械、農業、食品、航空、原子力等

西欧編の滞在期間
2010年4月24日〜7月21日
2011年7月2日〜2012年6月25日

郷土菓子をめぐる旅は、じつは2010年から始まっています。日本で郷土菓子に興味を持った僕は、まず3ヵ月間、ヨーロッパ13ヶ国を回って食べ歩きをしました。その翌年、再び渡仏し、Alsace（アルザス）のMulhouse（ミュルーズ）にある老舗パティスリー「Patisserie Jacques（パティスリー・ジャック）」で働きながら、フランスの田舎町や近隣の国を旅したのです。西欧編の旅日記には、そんな本格的に旅立つ前の思い出もあります。

まずはフランスから。宮廷文化から生まれた華やかなお菓子が有名ですが、地方には素朴な郷土菓子もたくさんあります。その豊かさは「美食の国」と呼ばれるだけはあります。

THE PASTRY DIARY

2012/2/20

パティスリー・ジャックの仲間と一緒に。研修に来ていた僕の母校、辻調のフランス校で学ぶ後輩が撮ってくれた。僕もフランスのパティシエらしくなってきた、たぶん。

2012/3/7

フランス南東のGrenoble（グルノーブル）は、クルミの名産地なのでクルミのお菓子がたくさん。なかでも多いのが、クルミをマジパンで挟んだカラフルなお菓子。味もラム酒やコーヒー、チョコ、キルシュなどさまざま。僕の好きな系のお菓子だった。

2012/3/11

郷土菓子研究社のサイトで重大発表。「Paris－上海、シルクロード菓子の旅」を宣言した。けっこうな反響があって僕のほうがびっくり。

2012/3/28

アルザスにも春が来た！怖いくらいの桜の花。

2012/5/31

仕事終了。明日から職業、旅人！

旅に出発する前にフランス菓子の思い出を振り返ってみよう。これは2010年7月、南西部のBordeaux（ボルドー）のSaint-Émilion（サン＝テミリオン）で出会ったマカロン。文字が印字されているシートに乗ったマカロンは焼きっぱなし。シートを切り取って食べる。センスのいいパッケージ！

ボルドーと言えば「Canelé（カヌレ）」。街中がカヌレだらけ。店によって味も食感もぜんぜん違

う。お気に入りは「Baillardran（ベラルドラン）」のカヌレ。ガリッとしっかり焼かれてて、中にはバニラがたっぷり。

フランス南部のToulouse（トゥルーズ）のお菓子「Le Pastis Gascon（ル・パスティス・ガスコン）」。うすーく透けるくらいにのばしたパイ生地の中にリンゴのコンポートが詰まっている。よく焼かれたパリパリの食感がたまらない。

フランス南東のLyon（リヨン）の銘菓「Coussin de Lyon（クッサン・ド・リヨン）」。マジパン、チョコ、洋酒がきいている。最初の旅のときに一番感動して、衝撃を受けたお菓子。ホワイトチョコやフルーツ味もあるけど、ベーシックタイプが一番おいしかった。

リヨンは赤く着色されたアーモンドが有名。赤色タルトがない菓子店が見つからないくらい、どこでも目にする。町を元気にしようと活気のある赤に着色したのが始まりだとか。

フランス西部Angers（アンジェ）の「Pâté Aux Prunes（パテ・オ・プリュンヌ）」。夏のプラムの時期にしかないお菓子。生のプラムをくるむのでかなり酸っぱい。プラムが分かるモコモコ型がユニーク。

フランス西部Nantes（ナント）の「Gâteau Nantais（ガトー・ナンテ）」。アーモンドが香る生地にラム酒のかなりきいたアイシングがコーティングされている。3つのお店で食べたけど、生地もアイシングの様子も違っていて、食べた印象がかなり違う。焼いたアルミ容器をそのまま使うスタイルも僕の好み。

日本でもおなじみの「Gâteau Basque（ガトー・バスク）」。フランス側のBasque（バスク）で食べたダークチェリーのコンフィチュールは衝撃的だった！（レシピP20）

「Touron（トゥーロン）」というバスクのお菓子。マジパンとナッツ、ドライフルーツを練り合わせ、大きくスライスしたものがピチッと包まれている。バスク旗カラーがカッコイイ。

フランス中西部Bretagne（ブルターニュ）のRochefort en Terre（ロシュフォール・アン・テール）で見つけた郷土菓子。リンゴ1/2個をサブレ生地のガレット・ブルトンヌで挟んで焼き上げたもの。味は正直、なんとも言えないけれど、ホントに素朴な感じ。

イタリア共和国 ITALIAN REPUBLIC

Data

面積　30万1000㎢
人口　約6070万人
首都　ローマ
言語　イタリア語
主要産業　機械、繊維・衣料、自動車、鉄鋼

イタリアは、僕にとって郷土菓子とは何かを教えてくれたところ。初めて南部のSicilia（シチリア）島に行ったとき、種類の多さや味の豊かさに本当に驚いたのです。南北に長いイタリアは、郷土菓子も地域で大きく異なります。北イタリアは洗練されていてクールな印象ですが、きれいにデコレーションされたお菓子はそう多くありません。素朴だけどていねいに作られたフルーツの焼き菓子が主流です。一方、南イタリアは陽気で見た目も味もダイナミック。甘すぎるお菓子も暑い気候とよく合っていて、不思議なくらいぺろりと食べられるのです。ときどき僕はあの強烈な甘さが恋しくなり、南イタリアのお菓子を作ってしまいます。

THE PASTRY DIARY

2010/4/29

思い出シリーズ。最初は、イタリア南部のシチリア島の「Cassata（カッサータ）」。リキュールや柑橘のフレッシュジュースをたっぷり染みこませたスポンジ生地の中にリコッタチーズのクリーム、刻んだドライフルーツがぎっしり。回りはシチリア名産のマジパンでアイシング。ドレンチェリーやシロップ漬けのオレンジピールで華やかにデコレーションされていて、まるでイタリアの美女みたい。胸が焼けるくらいの甘さが忘れられないのも、旅先で見かける美女と一緒。

シチリアのクリスマスに食べられる郷土菓子「Buccellato（ブッチェッラート）」。Palermo（パレルモ）で見つけた。シチリアを離れる船の中で食べたけど、おいしくて、本当にカッコイイお菓子だった。（レシピP24）

シチリアのかわい子ちゃんたち。

2010/4/30

「Baba（ババ）」のこと、どれくらい日本では知られているんだろう。ラム酒がたっぷりしみこんだ発酵菓子。名物だけあって、Napoli（ナポリ）のは、やっぱり格が違う。

2012/4/16

「Paris ー上海、シルクロード菓子の旅」を必ず成功させてみせる。そう決意したMilano（ミラノ）2日目の夜。写真は「Pan Meino（パン・メイノ）」別名「Pan de mej（パン・デ・メイ）」。Mejは粟の意味。昔は粟のクッキーだったらしいけど、今はトウモロコシの粉を使っている。トウモロコシの香りと粉が混ざりきっていないガリガリ食感がおいしい。こういう絶妙な粗さがイタリア菓子の魅力。

2012/4/20

ミラノの思い出。真っ赤なエプロンがおしゃれ。

ミラノの郷土菓子。左のシニョーラが持っているお菓子がマーマレード味の「Crostata di Marmellata（クロスタータ・ディ・

マルメッラータ)」とブルーベリー味の「Crostata di Mirtillo(クロスタータ・ディ・ミルティッロ)」。右のシニョーラのお菓子はパン・メイノ。

ミラノにある老舗菓子店のスペシャリテ。左が「Cannoncino(カンノンチーノ)」、右が「Colomba(コロンバ)」。

2012/4/21

イタリアで飲んだエスプレッソ。本当にうまかった。コーヒーはイタリアに限る。

スイス連邦

SWISS CONFE-DERATION

Data

面積　4万1000㎢
人口　約824万人
首都　ベルン
言語　ドイツ語、フランス語等
主要産業　機械・機器、金融、製薬、観光、農業

スイスのお菓子はバターや生クリームをたっぷり使います。クッキーや生菓子、チョコレート、キャラメルなど、洋菓子のお手本みたいなお菓子が多いのも特徴。チーズが有名な国ですが、不思議とチーズを使ったお菓子は多くありません。

THE PASTRY DIARY

2012/6/1

郷土菓子研究社の旗をつけて、回っております。

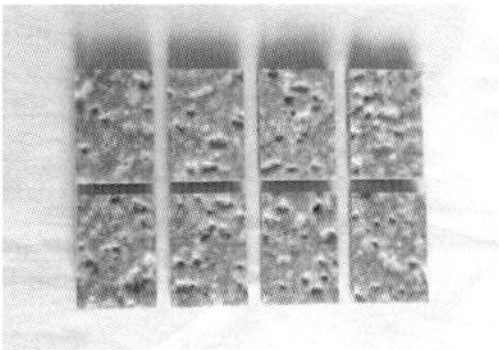

スイス北西のBasel(バーゼル)のクッキー「Basler Läckerli(バーズラー・レッカリー)」。スパイスとナッツ、柑橘系のピールをたっぷり使って焼き上げ、薄くキルシュのアイシングがかかっている。食感がやわらかくて、スパイシー。

2012/6/2

今日は無事にスイス人のお宅に泊めてもらえた。

2012/6/3

スイス中部Zug(ツーク)の郷土菓子「Zuger Kirschtorte(ツガー・キルシュトルテ)」。スポンジ生地にもバタークリームにもサクランボの蒸留酒キルシュがたっぷり。(レシピP28)

売り子のお姉さんと一緒に。

スイスの思い出。おしゃれ菓子も見ておかないとね。Zürich(チューリッヒ)の老舗菓子店「Teuscher(トイスチャー)」のシャンパントリュフ。愛らしいイラストだけど、よく見るとシャンパンがポンとはじけてる。大人の味のしゃれかな。

スペイン王国
KINGDOM OF SPAIN

Data

面積　50万6000㎢
人口　約4646万人
首都　マドリード
言語　スペイン語
主要産業　自動車、食品、化粧品、化学、観光

スペインはアーモンドの王国。マルコナ種やバレンシア種、ラリゲータ種など、いくつかのアーモンドがあり、香りや甘み、コク、油分の含有量で風味が違います。パティシエによっては、作るお菓子に合わせて種を使い分けるそう。そんなアーモンドを使ったスペインのマジパン菓子や焼き菓子は素朴で噛むほどにおいしさが広がります。フランスより甘さが強いのもスペイン菓子の特徴。暑い国ほど甘さが欲しくなるのかもしれません。

THE PASTRY DIARY
2010/5/21

広場でアーモンド売りを見かけた。売っているのは、量り売りの砂糖がけアーモンド。アーモンドを炒っている深い銅鍋から、砂糖の甘い香りに包まれた香ばしさに誘われて、気がついたら１袋買っていた。

スペインといえば「Polvorón（ポルヴォロン）」。今は全土で食べられるけど、もともとはスペイン南部、Andalucía（アンダルシア）の郷土菓子。口に入れると、ほろっと崩れて、すぐに溶ける純情クッキー。そんなはかなさからか、口の中に入れて崩れるまでの間に「ポルヴォロン」を３回唱えると、願いがかなうらしい。僕の願いは……。

ポルヴォロンは一つひとつキャンディみたいに紙で包まれている。お店によってデザインが違う包み紙を眺めるのも楽しい。

「Crema Catalana（クレマ・カタラナ）」は、スペイン北東、Cataluña（カタルーニャ）の郷土菓子。フランスのクレーム・ブリュレと似ているけれど、クレマ・カタラナは湯煎で焼かない。カスタードクリームを鍋で煮て器に盛る。表面のカリカリに焼けたカラメルをスプーンで割ると、やさしいオレンジの香りがクリームからふんわり。添えられたビスコッティにつけて食べると、また美味！（レシピP18）

スペインでもマジパン菓子のトゥーロンは大人気。これはBarcelona（バルセロナ）のもの。スペインのアーモンドはアメリカやトルコ産に比べると凛としたお嬢様風。上品な甘さでマジパンのイメージがひっくり返る。和菓子が好きな日本人には絶対に受けると思うんだけどなぁ。

日本でもおなじみの揚げ菓子「Churros（チュロス）」。スペインの駄菓子と言いたいくらい庶民的なお菓子だけど、繁華街や観光地でもよく見かけるので、観光客にも人気なんだと思う。

このチュロスはクリーム入り。日本のチュロスより、もっとずっと甘かった。

スペインがキリスト教の国だなぁと思うのは、こんなお菓子を見たとき。北西部のGalicia(ガリシア)に伝わる「Tarta de Santiago（タ

ルタ・デ・サンティアゴ)」には、粉糖をふった表面に必ず十字架が型抜きで描かれている。サンティアゴは、イエスの使徒の名前。小麦粉は使わず、アーモンドパウダーで作られているので、しっとりと濃厚な味。レシピが中世から受け継がれているなんて驚き！

レストランでタルタ・デ・サンティアゴを頼んだら、甘い赤ワインと一緒に出てきた。ワインもおいしくて、いい気持ち。

ちょこんと帽子をかぶったような「Piönono（ピオノノ）」は、Granada（グラナダ）、Santa Fe（サンタ・フェ）で人気のお菓子。1897年創業の老舗菓子店「Casa Isla（カーサ・イスラ）」がローマ教皇のピオ9世が即位したときに記念で作ったんだそう。はちみつとクリームがたっぷり入ったスポンジケーキをさらにシロップに浸していて、味はしっとり、ふんわり。

ポルトガル共和国
PORTUGUESE REPUBLIC

Data

面積　9万1985㎢
人口　約1037万人
首都　リスボン
言語　ポルトガル語
主要産業　機械、衣料、観光

南蛮貿易の頃から日本の洋菓子とは深〜いおつきあいの国。Lisboa（リスボン）を走る路面電車にゆられていると、なんとなく懐かしさも感じます。この本でポルトガルの郷土菓子として紹介した「Pão de Ló（パン・デ・ロー）」は日本のカステラのルーツですし、タイのお菓子「Foi Thong（フォイ・トーン）」も発祥はポルトガル。日本に伝わって「鶏卵そうめん」になりました。

ポルトガルの人たちはお菓子が大好き。街中の10軒に1軒は菓子店じゃないかと思うくらい、お店がたくさんあるんです。楽しみ方も気取ったところがなく、濃いエスプレッソと一緒にお菓子を食べ、さっとお店を出ていく。生活の中にお菓子が溶け込んでいることがよく分かります。

THE PASTRY DIARY
2010/6/13

リスボンから電車で1時間、たどり着いたのは「Queijada（ケイジャーダ）」というチーズタルトで有名なSintra（シントラ）の町。タルトと言っても皮は餃子のような薄さ。中に「Requeijão（リケイジャオ）」というフレッシュチーズのフィリングが詰まっている。

シントラでダントツに有名なお店「Piriquita（ピリキータ）」はいつも人でいっぱい。みんなのお目当ては、ケイジャーダとアーモンドと卵黄が詰まったパイ「Travesseiro（トラヴェセイロ）」(写真奥)。

パン・デ・ロー。大量の卵と少量の薄力粉、砂糖で作られ、パサパサしたものから、半熟卵のような状態のものまで、種類もいろいろ。年中、食べられているけど、クリスマスシーズンになると、さまざまなタイプがお店に並ぶ。シフォン型も人気だ。(レシピP16)

日本でも人気のエッグタルト。ポルトガルでの名前は「Pastel de Nata（パステル・デ・ナタ）」。18世紀、リスボンにあるジェロニモス修道院で考案された。ポルトガルのお菓子にはパイや卵黄を使ったものが多くて、本当に甘い。ポルトガルのおふくろの味って感じ。

平らなお菓子は、「Tigelada（ティジェラーダ）」という焼きプリン。平らに焼くのは「Suiça（スイッサ）」という菓子店のオリジナル。右は、飴でコーティングされた卵黄菓子。なかなかヘビーでクセモノ。一緒に「Ginja（ジンジャ）」という実から作られたポルトガルワインを飲んだ。アルコール度は高めで甘口。

オーストリア共和国
REPUBLIC OF AUSTRIA

Data

面積　8万4000㎢
人口　約870万人
首都　ウィーン
言語　ドイツ語
主要産業　機械、金属加工、観光

Wien（ウィーン）は音楽の都ですが、僕にとっては「Sachertorte（ザッハトルテ）」の街。有名店に「Demel（デメル）」と「Café Sacher（カフェ・ザッハー）」があり、デメルは「デメルのザッハトルテ」、カフェ・ザッハーは「オリジナル・ザッハ・トルテ」という名前になっています。理由は、どちらが正統かを裁判で争うほどのザッハトルテ戦争！があったから。判決が出るまで7年もかかったそうです。でも、僕が食べた感想はこの2店より、「Oberlaa（オーバーラー）」のほうが好み。他のケーキもおいしくて、3つも食べてしまいました。

THE PASTRY DIARY

2010/7/6

デメルの本店は、やっぱり違う。店内は人でごった返し、僕も興奮しっぱなし。撮った写真も150枚以上！

デメルの店内には、かわいいパッケージがずらり。僕もパッケージにはこだわろうと決意した。郷土菓子研究社のパッケージも負けないぞ。

ザッハトルテの名前の由来になったカフェ・ザッハー。老舗ホテルのカフェだけあって上品な雰囲気。メニューが新聞スタイルでザッハトルテの歴史なんかも書いてある。

僕が一番気に入ったオーバーラーのザッハトルテ。チョコレートのジャリジャリ感が好み。

ウィーンやドイツあたりでは「Kardinalschnitten（カーディナルシュニッテン）」も有名。これは「Heiner（ハイナー）」のもの。アプリコットジャムが挟んであって美味。（レシピP26）

ドイツ連邦共和国
FEDERAL REPUBLIC OF GERMANY

Data

面積　35万7000㎢
人口　約8177万人
首都　ベルリン
言語　ドイツ語
主要産業　自動車、機械、化学、製薬、電子、医療、環境技術等

2012年6月7日にドイツ・München（ミュンヘン）に到着。

僕が自転車の旅を選んだのは、小回りがきくことと旅費が節約できると考えたから。でも、荷物を積んだ自転車は想像以上に重く、たった500ｍ先にある鉄道駅に行くのも心が折れそうなくらいでした。出発したときの所持金は1700ユーロ(約22万円)。できるだけ郷土菓子の研究にお金をかけたかったので、宿代を削るため、地元の人の家を直接たずね、「泊めてください」とお願いしました。手には英語、ドイツ語、クロアチア語など12ヶ国語のお願いを書いたスケッチブックを持って。15軒以上断られ続け、ようやく親切なお宅が見つかり、力が抜けそうなくらいほっとしたこともあります。ミュンヘンでも3年前に知り合ったおじさんには、本当に親切にしてもらいました。1週間も泊まらせて面倒をあれこれみてくれて、地元の菓子店を紹介してくれたことも。おじさんは大きなビールグラスを片手に僕の旅物語を楽しそうに聞いてくれました。ミュンヘンを去る最後の晩、僕は長年、使われていなかったキッチンを掃除して、クワルクチーズを使ったチーズケーキを焼きました。そしておじさんとの再会を誓って握手したのです。

THE PASTRY DIARY

2012/6/7

ドイツ初取材はアイスクリームが人気の菓子店。アイスクリームの工程を見学させてもらい、湖に面した町にちなむ魚型チョコも作ってもらった。明日はドイツの祝日。

2012/6/8

ドイツを代表するパン「Brezel（ブレーツェル）」。ドイツには1200種類ものパンがあり、材料や配合が法律で決まっているそうだ。

2012/6/10

Friedrichshafen（フリードリヒスハーフェン）発祥の郷土菓子。モチーフはツェッペリン飛行船！

2012/6/11

ドイツのチーズケーキの定番「Käsekuchen（ケーゼクーヘン）」を作ってもらった。クアルクという濃厚なヨーグルトのようなフレッシュチーズで作る。シェフいわくドイツではクアルク以外のチーズケーキを見たことがないとのこと。

2012/6/13

クアルクとアプリコットの「Strudel（ストゥルーデル）」を作っているところ。

2012/6/14

本日もミュンヘンの菓子店めぐり。たまたま入ったカフェで快くケーゼクーヘンの工程を見せてもらえた。この店はクアルクではなく、まさかのリコッタチーズ。シェフはシチリア出身。さすが郷土愛を忘れない。

2012/6/24

Lindau（リンダウ）でたまたま地元新聞に取材された記事が届いた。思っていたより記事が大きい！

Japaner radelt auf Schokoladenseite des Lebens

2012/6/25

ドイツ最後の夜。「Uncle」「Son」と呼び合ったおじさんともお別れ。また会う日まで元気で！

PORTUGUESE REPUBLIC

～ ポルトガル ～

Pão de Ló

パン・デ・ロー

外側はしっとり、中は半熟の生カステラ風のケーキ。ポルトガル全土で作られていますが、リスボンで食べた味を再現してみました。現地風に味わうなら、ぜひ手でちぎって食べてみてください。

［ **材料** ］（直径15㎝のセルクル型1台分）

卵……60g
卵黄……60g
グラニュー糖……55g
レモンの皮（すりおろし）……1/2個分
薄力粉……25g

《 **準備** 》
クッキングシート1枚を天板にのせたセルクルの内側に敷く。

［ **作り方** ］

1. 卵、卵黄、グラニュー糖、レモンの皮を泡立てる。もったりと重くなり、泡立て器を持ち上げて、リボンのような跡がつくまでが目安。

2. 薄力粉をふるって加え、ゴムべらでさっくりと混ぜ合わせる。クッキングシートを敷いたセルクルに流し込む。

3. 210℃のオーブンで10分焼く。

memo

焼き上がりはふわーっとふくらみ、冷めると中心が沈む。翌日になると味が落ち着き、できたてとは違うおいしさになる。

KINGDOM OF SPAIN

〜 スペイン 〜

Crema Catalana

クレマ・カタラナ

カタルーニャ地方で３月19日の「聖ヨセフの日」に食べるお菓子でしたが、今はスペイン全土で年中、愛されています。カラメルをパリッと割ると、オレンジとシナモンの香り漂うクリームがとろり。

［ **材料** ］（直径12cmのカスエラ５個分）

卵黄……６個分
グラニュー糖……50g
コーンスターチ……20g
牛乳……500g
オレンジの皮（すりおろす）……1/4個分
シナモン（パウダー）……２g
グラニュー糖（カラメル用）……120g

［ **作り方** ］

1. 卵黄、グラニュー糖、コーンスターチをボウルに入れ、泡立て器で白っぽくなるまですり混ぜる。

2. 牛乳、オレンジの皮、シナモンを鍋に入れて中火にかけ、沸騰直前まで温める。

3. **2**を**1**のボウルに少しずつ注ぎながら、泡立て器で混ぜ合わせる。

4. **3**を鍋に戻して弱めの中火にかけ、泡立て器で混ぜながらとろみをつける。

5. もったりとしたとろみがついたら、鍋を火からおろし、裏ごしする。

6. **5**を入れたボウルを氷を入れたボウルに重ね、ゴムべらで混ぜながら冷やす。

7. カスエラに流し入れ、表面をならす。グラニュー糖大さじ１を表面にまんべんなくかけ、バーナーで溶かす。さらにグラニュー糖大さじ１をかけ、バーナーで焦げ目をつける。残りの４個も同様にする。

２度に分けて焼くのは１度目の砂糖で表面に膜を作り、クリームを焦がさないため。バーナーがないときはコンロのグリルを使っても。

memo

カスエラは直火で加熱できるスペインの陶器製土鍋。深さ２cmくらいの耐熱皿で代用できる。

FRENCH REPUBLIC

〜 フランス 〜

Gâteau Basque

ガトー・バスク

しっとりしたクッキーに甘酸っぱいチェリージャムを挟んだバスク地方の郷土菓子。正式には表面にローブリューと呼ばれるバスクの十字架や格子の模様をつけますが、僕らしくシンプルに作りました。

[**材料**]（直径18㎝のセルクル型1台分）

A
- グリオットチェリー（冷凍）……1000g
- グラニュー糖……200g

バニラビーンズ（種のみ）……1本
バター（常温に戻す）……120g
グラニュー糖……120g
塩……1g
卵……35g
卵黄……10g
ラム酒……15g
薄力粉……205g
ベーキングパウダー……小さじ1

※ **A** は作りやすい量。

[**作り方**]

1. ジャムを作る。**A** を鍋に入れて中火でとろみがつくまで煮る。実が崩れ、酸味が飛ぶので煮すぎない。粗熱が取れたら冷蔵庫で冷ます。

2. バニラビーンズ、バター、グラニュー糖、塩をボウルに入れて、泡立て器で混ぜ合わせる。混ぜながら卵、卵黄を少しずつ加え、ラム酒も加えて混ぜる。

3. 薄力粉、ベーキングパウダーを合わせてふるい、**2** に加え、ゴムべらでさっくり混ぜる。冷蔵庫で2時間寝かせる。

4. 生地310gを打ち粉（分量外）をしながら直径22㎝の円形にめん棒でのばし、セルクル型に敷く。セルクル型の内側で生地が凹型の状態になり、縁が少しはみ出る。

5. **1** のジャム150gを敷き、残りの生地を直径18㎝の円形にのばしてかぶせる。縁をフォークかめん棒で押しながら、下の生地と密着させる。

6. 表面に卵（分量外）を塗り、竹串で数カ所、穴をあける。150℃のオーブンで80分焼く。ジャムが生地からはみ出しそうなときは温度を下げて調整する。冷めたらセルクル型をはずす。

ガトー・バスクに欠かせないのが黒サクランボのスリーズ・ノワール。日本では手に入りにくいので冷凍のグリオットチェリーを使う。入手先はP110。

FRENCH REPUBLIC

～ フランス ～

Beerawecka

ベラヴェッカ

アルザス地方の贅沢なクリスマス菓子。キルシュ漬けのドライフルーツをパン生地でつないで作ります。１カ月ほどかけて食べるのが現地流。たくさん作ってプレゼントにどうぞ。

［ **材料** ］（長さ20cmのもの 12本分）

A
- セミドライポワール……200g
- セミドライイチジク……400g
- セミドライプラム、セミドライアプリコット、
- セミドライレーズン、オレンジピール、
- レモンピール……各100g
- アグリモンタナ社ミックスフルーツサラダ……400g
- スターアニス（粒）……1g
- アニスシード（粒）……1g
- クローブ（粒）……3g
- ナツメグ（粒）……1個
- オールスパイス（パウダー）……3g
- バニラビーンズ（裂いたさやと種）……3本
- キルシュ……50g

B
- 強力粉……100g
- ドライイースト……8g
- 塩……1g
- 40℃のぬるま湯……120 g

クルミ……300g

《 **飾り** 》

ドレンチェリー（赤）……12個

クルミ（形のよいもの）……12個

《 **シロップ** 》

グラニュー糖……30g

水……30g

［ **作り方** ］

1. **A**のドライフルーツ類は5mm角に切る。スパイス類の粒は粉末に砕く。バニラビーンズ、キルシュと混ぜ、1週間以上、冷蔵庫で漬ける。

2. **B**をボウルに入れ、ゴムべらで練り合わせる。ボウルにラップをかけ、温かいところに置き、生地が2倍にふくらむまで発酵させる。

3. クルミを飾り分も含め、150℃のオーブンで7分焼く。生地に混ぜるクルミは刻む。

4. **2**に**1**とクルミを加え、生地によくなじむまで手で混ぜる。

5. 12等分し、手に水をつけながら、20cm長さの俵状に成形する。飾りのクルミを中央に、その左右に半分に切ったドレンチェリーをのせる。残りも同様に成形する。

6. 150℃のオーブンで60分焼く。12本が天板に1度にのりきらない場合は、2回に分けて焼く。

7. グラニュー糖と水を鍋に入れて火にかけ、グラニュー糖が溶けたら火を止める。**6**が焼き上がったら、すぐに表面に熱いシロップをはけで塗る。

セミドライタイプはみずみずしさがあり、ドライタイプより風味が豊か。写真はポワール（洋梨）。手に入らない場合は、好みの普通のドライフルーツでも作れるが、ポワールとイチジクは必須。

memo

食べるときは薄く切って。バターやフォアグラのパテと合わせてもおいしい。保存するときはラップで包み、冷暗所に。イタリアのドライフルーツ「アグリモンタナ社のミックスフルーツサラダ」は上品な甘さで風味がよく、添加物不使用。ぜひこれで作って。ドライフルーツ類の入手先はP110。

ITALIAN REPUBLIC

～ イタリア ～

Buccellato

ブッチェッラート

シチリアのクリスマス菓子。サクサクのクッキー生地の中にスパイシーなラム酒漬けのドライフルーツとナッツがみっちり詰まっています。僕のお店でも人気の郷土菓子です。

［ **材料** ］（直径15㎝のドーナツ型1台分）

A
- アグリモンタナ社ミックスフルーツサラダ……40g
- レーズン……40g
- オレンジピール……40g
- ドライイチジク……20g
- ラム酒……10g
- シナモン（パウダー）……1g
- クローブ（粒）……2個

B
- 薄力粉……100g
- グラニュー糖……35g
- 塩……ひとつまみ
- 重曹……ひとつまみ
- バニラビーンズ（種のみ）……1/5本分
- ラード……30g
- はちみつ……30g
- 卵……30g

アーモンド……25g
クルミ……25g
ピスタチオ……5g

《 **飾り** 》
ナパージュ（市販品）……適量
赤と緑のドレンチェリー
（半分に切る）……各2個

［ **作り方** ］

1. **A**を混ぜて1週間以上、冷蔵庫で漬ける。

2. アーモンドとクルミを160℃のオーブンで6分焼き、粗く刻む。

3. **B**の薄力粉、グラニュー糖、塩、重曹、バニラビーンズをボウルに入れ、手でよく混ぜる。ラード、はちみつ、卵を順に加え、その都度、混ぜ合わせる。生地をひとまとめにしてラップで包み、2時間冷蔵庫で寝かせる。

4. 打ち粉（分量外）をした台の上に**3**をのせ、打ち粉をしながらめん棒で30×15㎝角にのばす。ラップで包み、冷蔵庫で冷やしておく。

5. **1**、アーモンド、クルミ、ピスタチオを鍋に入れ、鍋底を焦がさないように混ぜながら中火で7分ほど煮て、ねっとりするまで水分を飛ばす。粗熱が取れたら、30㎝長さの棒状にのばし、ラップで包んで冷蔵庫でしっかり冷やす。

6. **4**の生地で**5**を包み、ドーナツ型に成形する。タルトピンで表面に筋を入れる。卵（分量外）を表面に塗る。

7. 180℃のオーブンで20分焼く。

8. 熱いうちに全体にナパージュを塗り、ドレンチェリーを飾り、もう一度、ナパージュを塗る。

タルトピンで表面を斜めにつまみ、模様をつけていく。

REPUBLIC OF AUSTRIA

〜 オーストリア 〜

Kardinalschnitten

カーディナルシュニッテン

サクッふわっとした食感のメレンゲとスポンジ生地の間に甘酸っぱいフランボワーズジャムを挟んで。コーヒークリームのものが有名ですが、歴史が古いのはジャムのほう。僕は断然こっちです。

[**材料**]（8×4㎝のもの５個分）

メレンゲ
- 卵白……65g
- グラニュー糖……55g
- 塩……ひとつまみ

スポンジ生地
- 卵……60g
- 卵黄……40g
- グラニュー糖……30g
- 塩……ひとつまみ
- 薄力粉……30g

粉糖（溶けるタイプ、溶けないタイプ）
……各適量

フランボワーズジャム（市販品）。
好みのジャムでもOK……60g

《 準備 》

オーブンシートの裏面に鉛筆で８×25㎝の四角を書く。このシートを２枚用意する。

[**作り方**]

1. メレンゲを立てる。卵白､塩をボウルに入れ、泡立てる｡グラニュー糖を３回に分けて加え、その都度、泡立て、角が立つくらいしっかりと泡立てる。

2. オーブンシートを天板に敷く。**1**を1.3㎝の口金をつけた絞り袋に入れ、シートの鉛筆の線をガイドに１回目を扁平型に絞る（図１）。１回目の上に２回目のメレンゲを丸く絞る(図２)。

3. スポンジ生地を作る。薄力粉以外の材料をボウルに入れ、しっかりと泡立てる。ふるった薄力粉を加え、さっくりと混ぜる。

4. **3**を絞り袋に入れ、**2**のメレンゲの間に絞る(図３)｡スポンジ生地のほうがふくらむので、メレンゲより低く絞る。

5. もう１枚のシートに**2**と**4**を同様に絞る。

6. 生地の表面に溶ける粉糖を茶こしで２回ふる。170℃のオーブンで20分焼く。

7. 粗熱が取れたら、シートから生地をはがし、１枚をひっくり返して上面にジャムを塗る。その上にもう１枚の生地をのせ、溶けない粉糖をふる。パン切り包丁で４㎝幅に切る。

《 図１ 》

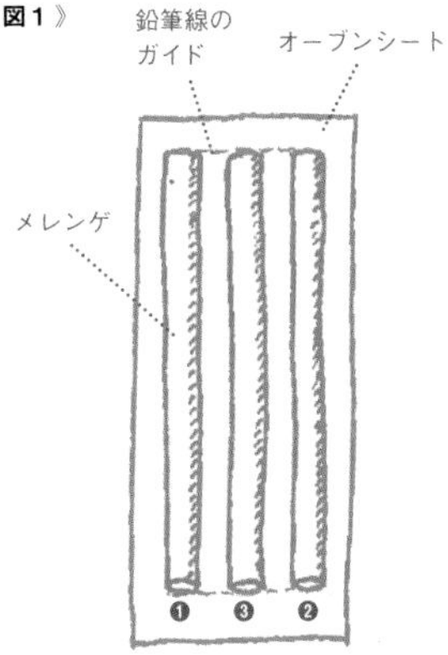

１回目のメレンゲを扁平型に３本、間をあけて番号順に絞る。

《 図２ 》

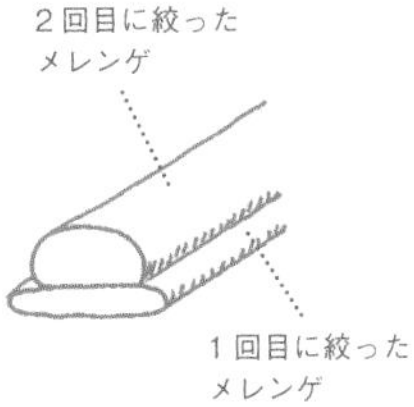

《 図３ 》

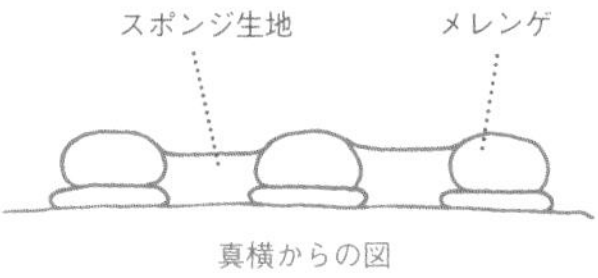

メレンゲとメレンゲの間２ヶ所にスポンジ生地を絞る。シート１枚分が片面の生地になる。

SWISS CONFEDERATION
～ スイス ～

Zuger Kirschtorte

ツガー・キルシュトルテ

1921年にスイス中部ツークの菓子職人が考えた郷土菓子。メレンゲ生地とスポンジ生地が重なり、たっぷりのキルシュシロップを染みこませた濃厚な大人のケーキです。

[材料]（直径15㎝のセルクル型1台分）

スポンジ生地

- 卵……60g
- グラニュー糖……35g
- 塩……ひとつまみ
- 薄力粉……35g

メレンゲ

- 卵白……35g
- 塩……ひとつまみ
- グラニュー糖……25g
- アーモンドパウダー……30g

バタークリーム

- バター（常温に戻す）……110g
- グラニュー糖……80g
- 水……30g
- 卵黄……20g
- キルシュ……20g

シロップ

- グラニュー糖……15g
- 水……45g
- キルシュ……60g

粉糖（溶けないタイプ）……適量

《 準備 》

セルクルの内側にバター（分量外）を塗り、底と側面型に切ったオーブンシートを側面、底の順に敷く。

[作り方]

1. スポンジ生地を焼く

① 卵、グラニュー糖、塩をボウルに入れ、もったりと泡立てる。

② ふるった薄力粉を加え、ゴムべらでさっくりと混ぜる。天板にのせたセルクル型に流し入れる。

③ 170℃のオーブンで、20～25分焼く。粗熱が取れたら、型からはずす。

2. メレンゲを焼く

① 卵白、塩をボウルに入れて混ぜる。グラニュー糖を3回に分けて加え、その都度、泡立て、角がピンと立つまで泡立てる。

② アーモンドパウダーを加えてさっくりと混ぜる。

③ 半量を天板にのせ、セルクル型をかぶせ、カードで平らに丸くならす。もう半量も同様にする。

④ セルクル型を抜き、120℃のオーブンで1時間焼く。

3. バタークリームを作る

① グラニュー糖と水を鍋で115℃まで温める。

② 別のボウルで卵黄を泡立て器で白っぽくなるまで混ぜ、①を少しずつ加えながら常温に冷めるまで混ぜる。

③ ②にバターを3回に分けて加え、その都度、泡立て器で混ぜる。キルシュを少しずつ加えて混ぜる。

4. 仕上げる

① シロップのグラニュー糖、水を小鍋に入れて中火にかけ、グラニュー糖が溶けたら、常温まで冷ます。キルシュを加える。

②セルクルにメレンゲ1枚、バタークリーム（接着用に薄く）、スポンジ、シロップたっぷり、バタークリーム（接着用に薄く）、メレンゲ1枚の順に重ねる。セルクルをはずし、バタークリームを全面厚さ3㎜に塗り、粉糖をふる。

FEDERAL REPUBLIC OF GERMANY

〜 ドイツ 〜

Mohnkuchen

モーンクーヘン

ドイツ菓子はケシの実をよく使います。その代表がこの菓子。プチプチとしたケシの実の食感とレモンの香りが魅力です。ケシの実はポーランドやチェコなど、東欧の郷土菓子にもよく使われます。

［ **材料** ］（縦 23 × 横７× 深さ６㎝のパウンドケーキ型１台分）

A
- バター（常温に戻す）……50g
- 粉糖……30g
- 卵（常温に戻す）……15g
- 薄力粉……65g
- ベーキングパウダー……ひとつまみ
- 塩……ひとつまみ

B
- ケシの実（黒）……200g
- 沸騰した湯……100g
- バター（常温に戻す）……100g
- ローマジパン（常温に戻す）……100g
- グラニュー糖……160g
- 卵（常温に戻す）……160g
- 薄力粉……160g
- 塩……２g

《アイシング》
レモン汁……１個分
粉糖……レモン汁の５倍量

《準備》
パウンド型にオーブンシートを敷く。

［ **作り方** ］

1. **A** のバター、粉糖をボウルに入れ、泡立て器で白くなるまで混ぜる。卵を少しずつ加えながら混ぜ、薄力粉、ベーキングパウダー、塩をふるい入れ、さっくり混ぜる。２時間、冷蔵庫で寝かせる。

2. 天板に **1** をのせ、パウンド型の底より少し大きめの長方形にめん棒でのばす。160℃のオーブンで 15 分、白っぽく焼き上げる。

3. **2** が冷めたら、パウンド型の底面の大きさに包丁で切る。

4. **B** のケシの実、沸騰した湯をボウルで混ぜ、ラップをかけて30 分蒸らす。常温まで冷ます。

5. **B** のバター、ローマジパン、グラニュー糖をボウルに入れ、泡立て器で混ぜる。卵を少しずつ加えて混ぜる。**4** を加え、薄力粉、塩をふるい入れ、さっくりと混ぜる。

6. パウンド型の底に **3** を敷き、**5** を詰めて平らにならす。

7. 170℃のオーブンで 40 分焼く。常温まで冷まし、型をはずす。

8. レモン汁と粉糖を混ぜ、アイシングを作る。**7** の表面にはけで塗る。

memo

Ａのクッキー生地は焼き過ぎると割れてしまう。もう一度、焼くので半生状態でもＯＫ。

Sweets & Smiles

Eastern Europe & Southern Europe

東欧と南欧の郷土菓子

ドイツを出発してからは、東ヨーロッパのルーマニア、ウクライナ、
南ヨーロッパのクロアチアやセルビアなどを回っていました。
この地域には西ヨーロッパと似たお菓子もありますが、
その国にしかない独特の郷土菓子もあり、旅はどんどんエキサイティングに。
僕が求めていたお菓子はこれだ！と思う出会いもたくさんありました。
たぶん、日本で初めて紹介する郷土菓子もあるはずです。

チェコ共和国 CZECH REPUBLIC

Data

面積　7万8866㎢
人口　約1055万人
首都　プラハ
言語　チェコ語
主要産業　機械、化学、観光

滞在期間
2012年1月9～13日

ドイツの菓子店めぐりで時間をとられてしまったので、2012月6月からの旅では寄れなかったのですが、チェコやハンガリーにも魅力的な郷土菓子がたくさんあります。時間をちょっと巻き戻して、この2つの国のお菓子も紹介します。チェコには魅力的な郷土菓子がありすぎて目も口もくらくら。滞在予定をのばしたくらいです。

THE PASTRY DIARY

2012/1/9

これぞ東欧菓子！「Walachian Frgál（ワラフィアン・フルガリ）」。もちもちの生地にジャムをのっけて焼き上げたもの。写真は洋梨味。レシピは秘伝。ジャム以外にジンジャークッキーを砕いたものやバタークリームも一緒にのせて焼いてるそうだ。ポピーシードやアプリコット、チーズ、ベリー系など8種類くらいあった。

店主のお兄さん。写真を撮ると言ったら着替えてくれた。右手の洋梨味のリキュールを合わせて食べたりするそう。

2012/1/10

チェコっ子の心の故郷「Medovník（メドヴニク）」。スパイシーではちみつナッツな生地にのどの奥から燃えるような甘みのクリーム。ここのお店のはジンジャーも入っていた。チェコ菓子のなかでもお気に入り。

トラムの駅前にある露店。店内の丸いお菓子は透明なフィルムでラッピングされている。お菓子の黒い模様部分にはポピーシードがみっちり。チェコはお菓子も安い。

2012/ 1/11

ちゃっかり「Punčový Dort（ポンソビ・ドゥ）」をテイクアウト。はちみつをたっぷり染みこませたカステラのような生地はしっとり。他のお店にはなかった桃のコンポート入り。シロップも桃の香り。

「Ovocný（オヴォツニー）」。生地と堅いゼリーの間に生クリームを挟んでいる。食べるときにはさらに生クリームをたっぷり。不思議なチェコの郷土菓子。

2012/1/12

京都ならハツ橋、チェコなら「Trdlo(トゥルドゥロ)」。生地を巻きつけた筒を自動で回転させながら、くるくると焼き上げる。バウムクーヘンの親戚みたい。焼き上がったら、熱々のところにシナモンやナッツ、砂糖をたっぷり。

焼き上がるとこんな感じ。サクサクというより、けっこうしっかり。

トゥルドゥロ専門店のお姉さん。チェコの民族衣装がよくお似合い。

ハンガリー
HUNGARY

Data

面積　9万3000㎢
人口　約983万人
首都　ブダペスト
言語　ハンガリー語
主要産業　機械、化学、製薬、農業、畜産

滞在期間
2010年7月1～3日

ハンガリーのSzentendre（センテンドレ）には「Marcipán Múzeum」というマジパン博物館があります。ブダペストから電車で40分くらいです。マジパン菓子の数にかなり興奮しました。

THE PASTRY DIARY

2010/7/2

マジパン博物館の館内。ガラス越しに作っている様子も見られた。

ダイアナ妃の特大マジパン細工。他にも世界一有名なネズミとかカメの忍者とか。マイケル・ジャクソンさんまでいて、もう意味不明。

博物館の入り口にはマジパン菓子がたくさん売られていた。

センテンドレの名物らしいピザみたいなのをほおばりながら、ブダペストまで戻る。

「Flódni（フロディニ）」という郷土菓子を市場で発見。

おいしいけど、何の味か思いつかない。リンゴとクルミとケシの実は分かるんだけど……。あとで調べたら、ドライアプリコット、プラム、レモン、白ワインにいくつかのスパイスが使われているらしい。

老舗カフェ「Gerbeaud（ジェルボー）」のフロディニ。

同じお店の「Alma Torta（アルマ・トルタ）」。アルマはリンゴの意味。短冊形に切ったリンゴの上にアーモンドやクルミ、ヘーゼルナッツが散りばめられている。フレッシュなリンゴのシャキシャキ感がなかなかおいしかった。

きれいな建物を見つけたので入ってみたら、大きな市場だった。ハンガリーはパプリカが名産。パプリカ料理もたくさんあった。

クロアチア共和国
REPUBLIC OF CROATIA

Data

面積　5万6594㎢
人口　約428万人
首都　ザグレブ
言語　クロアチア語
主要産業　輸送機械（船舶）、化学、繊維

滞在期間
2012年6月28日～7月22日

僕は足を踏み入れるまで、国名は知っていても、クロアチアの人も文化も歴史も知りませんでした。首都Zagreb（ザグレブ）の名前も初めて聞いたくらいです。初日の到着は夜9時。心細さを抱えながら、幸せに暮らしていそうな家を探して呼び鈴を鳴らし、出てきた男性にスケッチブックの紹介文を見せると、「とりあえず入りなよ」と一言。英語で僕を招き入れてくれたのです。彼はその晩、クロアチアの文化や歴史を僕にいろいろ教えてくれました。クロアチアはオスマン帝国の支配下にあったこともあり、郷土菓子もトルコ、西欧、東欧のさまざまな国から影響を受けています。その中から独自の文化が生まれているのだなぁと、僕はお菓子を味わいながら学んだのでした。

THE PASTRY DIARY

2012/6/29

クロアチアの「国菓」とも言えるのが「Kremšnita（クレームシュニッタ）」。さっそくザグレブで一番有名な菓子店「Vincek（ヴィンツェック）」で食べた。一番上がパイ生地ではなく、生クリームとチョコにするのがザグレブスタイル。（レシピP44）

ヴィンツェックでは工程も見学させてもらえた。数千人分のクリームを仕込んでいるところは迫力満点。２人の職人がカスタードクリームとメレンゲを息を合わせて型に流し込んでいる。

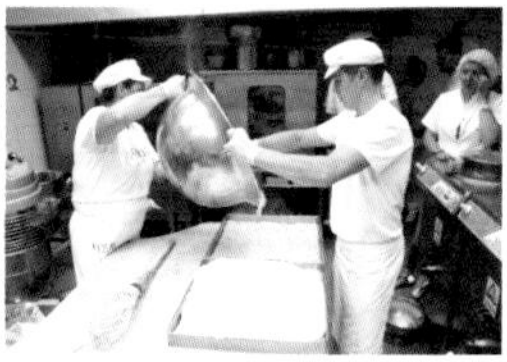

2012/7/4

クレームシュニッタを生んだ町Samobor（サモボル）の「U Prolazu（ウ・プロラズ）」。夏のせいか店頭にあるのはすべて冷やしてある。無理を言って焼きたてを食べさせてもらった。やさしくて甘い卵の香りのするクリーム、少し塩けを感じるサクサクの生地。間違いなく、このお菓子はできたてを食べるもの。ここのが一番の味だった。

2012/7/8

アドリア海に面したRijeka（リエカ）を目指して南下しようとGoogleマップで最短ルートを選んだら険しい山道。40kg超の荷物を積んでの山越えはキツイなんてもんじゃない。強い陽射しを浴びて、ひたすら自転車を押して歩く。頂上を越えるまで３日かかった。あとで聞いたら、近くの村が山賊に襲われたこともあるらしい。これからは現地の人に聞いてから道を選ぼう。

なんとかリエカ到着。アドリア海の風が気持ちいい！

オムレットを見て、辻調で習ったのを思い出した。フランスでは見かけなかったのに、ここで出会うとは。右側はフレッシュチーズの「Strudel（ストゥルーデル）」。

普通のプリンに見える「Rožata（ロジャータ）」。でもDubrovnik（ドゥブロヴニク）地方のローズリキュールがたっぷり。アルコール分が少し残るプリンからローズの甘くしっとりとしたいい香りが漂う。

南部のMakarska（マカルスカ）の郷土菓子「Torta Makarana（トルタ・マカラナ）」。アーモンドパウダーだけで作られた薄いタルト生地にクロアチア名産のサクランボのリキュール、マラスキーノがふんわりと香る。ゴリゴリした食感の粗く刻んだアーモンドがリキュールによく合う。郷土菓子のうまさは見かけじゃ分からない。

B ボスニア・ヘルツェゴビナ BOSNIA AND HERZEGOVINA

Data

面積　5万1000k㎡
人口　約353万人
首都　サラエボ
言語　ボスニア語、セルビア語、クロアチア語
主要産業　木材、鉱業、繊維

滞在期間
2012年7月22日～8月17日

ボスニア・ヘルツェゴビナ(以下ボスニア)の旅は終盤まで順調でした。でも、僕はこの国で郷土菓子の旅、最大のピンチに出会うのです。最近まで内戦が続いていた国だけに、Mostar（モスタル）の町では、いたるところに生々しい戦争の傷跡がありました。でも、不思議と恐怖は感じませんでした。行く先々の町の人にも親切にしてもらい、中東の影響を受けた興味深いお菓子や飲み物にもたくさん出会えました。Zenica（ゼニツァ）では人生初のテレビ出演も。ところが最後に寄ったTuzla（トゥズラ）でカメラ、iPhone、パソコンを盗まれてしまったのです。おそらく犯人は泊めてくれた家の青年。ショックで頭が真っ白になりました。旅に慣れ始め、油断もあったのだと思います。困り果てた僕は、前日に知り合った自転車好きのおじさんに助けてもらうことにしました。おじさんは英語が話せませんでしたが、話を親身に聞いてくれ、真夏なのにホットミルクを差し出してくれたのです。それを飲んだ瞬間、すっと涙が出てきました。おじさんの家にお世話になった3日の間に警察で盗難の手続きをして、僕はナーバスな気持ちで次の国に向かいました。そういえば、毎朝、おじさんが作ってくれたサワークリーム入りの半熟の卵焼きが絶妙においしくて、その後、何度も挑戦したのですが、あの味にはなりませんでした。

THE PASTRY DIARY

2012/7/28

一気にトルコっぽいお菓子が増えてきた。「Tufahija（トゥファヒヤ）」は下から順に甘いシロップを含んだずっしりした生地、輪切りのリンゴの砂糖漬け、レーズンとクルミと何かのアルコール、生クリーム。（レシピP46）

2012/7/29

トルコのお菓子「Baklava（バクラヴァ）」がボスニアにも。トルコではピスタチオを使うけど、ボスニアはパウダーか粗く刻んだクルミ。ほんまにうますぎる！感涙。

2012/7/30

人生初のテレビ出演。

2012/8/2

ゼニツァの郷土菓子「Kadaif（カダイフ）」。細いパスタのように焼いた生地を砕いたクルミで挟んで焼き上げ、シロップをかけて完成。

2012/8/9

トウモロコシの発酵飲料「Boza（ボザ）」と、アラブ文化が伝わった多くの国にあるお菓子「Halva（ハルヴァ）」2種。ボザは初体験。

2012/8/14

パソコン子とiPhone子とカメラ美が突然、いなくなった！

2012/8/17

パソコン子が誘拐されてもうすぐ1週間。警察の手続きが終わり次第、セルビアへ移動しよう。電気屋でPrestigioさん（タブレット）と出会い、これからは彼女と旅をすることを決意！

セルビア共和国 REPUBLIC OF SERBIA

Data

面積　7万7474㎢
人口　約712万人
首都　ベオグラード
言語　セルビア語
主要産業　サービス業、工業、農業

滞在期間
2012年8月17～30日

盗難という不幸なできごとは、僕の意気込みをすっかり奪ってしまいました。旅が始まってから伸ばしていた髭を剃ったくらいでは気は晴れません。安物のタブレットで見る日本からのFacebookやTwitterのコメントだけが僕を前に進ませてくれました。ときたま見かけるネットカフェに立ち寄ってはモールス信号みたいな細切れの文章をSNSに投稿し、ペダルを黙々とこぎ続け、なんとかセルビアの首都Beograd（ベオグラード）へたどり着きました。

ベオグラードでは、最低限の機能がついたパソコンとデジカメを手に入れました。合計5万円。1日500円の生活を続けてきた僕には財布を持つ手が震えるほどの大金です。とりあえず郷土菓子の旅を続ける応急処置は済みましたが、それより困ったのは恐怖心でした。僕はすっかり現地の人を信頼することができなくなっていたのです。

民家を訪ねて呼び鈴を押す勇気が持てず、ホステルに宿泊する日が続きました。1泊1000円のホステルに泊まれば、それだけで1日の生活費が消えてしまいます。僕はリミッターが外れたみたいに、金額を気にせず郷土菓子や郷土料理を食べるようになっていました。「お金が尽きたらどうしよう」なんていう不安は不思議となく、ただレストランで食事ができる幸せを味わっていました。そのおかげで、「Žito（ジート）」という好みの郷土菓子にも出会えましたが、もの哀しさも感じていました。これまで現地の人と語り合い、家庭料理をごちそうになり、同じ屋根の下で休ませてもらっていたのに、今は一人。毎晩、モヒートを飲んで過ごす僕のカメラには、食べ物の写真ばかりが溜まっていきました。

THE PASTRY DIARY

2012/8/20

ベオグラードのブックカフェ。猫とレモン。カメラがなくなってはお菓子屋へ行く気もしない。「THE PASTRY TIMES」の発行も迫っているのに。

2012/8/22

カメラがないとFacebookの更新も滞る。一応、生きているのでご心配なく！本日は終日「THE PASTRY TIMES vol.3」の執筆。ホステルにひきこもり。ホステルニートだ。明日もたぶん、ホステル警備員。写真は、ボスニアのモスタルで盆栽を一切売ってないBONSAI SHOP。

2012/8/25

ベオグラードにやって来て1週間。ひたすらホステルで執筆。夜は徘徊してレモネードやワインを飲みながら更に執筆。「THE PASTRY TIMES vol.3」もちょちょいと編集したらできあがる。それにしてもひきこもると食欲がわかないので、ここ5日間、朝のシリアルしか食べていない。体に良くないと思いながら、夜に街へ出てもドリンクしか飲む気になれず。でも、そろそろホステル生活も終わらせないと。新聞制作のために、旅で出会った人たちとの写真を振り返ってみた。そうしたら、ようやく現地の家にもう一度泊まってみようという気が戻った。やっぱりホステルに1週間泊まるのと現地の家に1泊させてもらうのとは体験に雲泥の差がある。現にいまだセルビア人を感じていない。明日から今まで通りの旅のスタイルに戻そう。

2012/8/29

セルビアだけで見つけた「ジート」。玄小麦（全粒小麦）を甘く煮て、砕いたクルミをたっぷり加え、バニラやシナモンで香りづけしている。ほのかな酸味とねっとりと香るクルミが、なんともおいしく感動した。（レシピ P48）

ジートはセルビア正教の記念日に

家庭で作られる。菓子店でも食べられるけど、お店によって味がぜんぜん違う。そして、どれもおいしい。日本にあるお菓子で似たものがまったく思いつかない。

2012/8/30

ルーマニアに向かう途中。最後にセルビアらしいものを食べられて幸せ。今日はあと50㎞。

17 ルーマニア ROMANIA

Data

- **面積** 23万8000㎢
- **人口** 約1976万人
- **首都** ブカレスト
- **言語** ルーマニア語
- **主要産業** 金属、工業、鉱業、農業

滞在期間
2012年9月1～13日

自転車で国境を越えるのは、ルーマニアで5度目。ゲートの前に3匹の大きな野良犬がじゃれていて、自転車をこぐ僕を見つけると、いっせいに吠え始めました。ルーマニアは野良犬が多く、郊外も街の中も我が物顔。突如、草むらから山道に躍り出て、僕を追いかけてきたことも。ペダルにかけた両足を上げて、間一髪のところで追撃をかわしたこともあります。野良犬は本当に怖かった。

București（ブカレスト）滞在中、信じられないニュースもありました。ボスニア警察が窃盗犯を捕まえたという日本大使館からの連絡を父がメールで知らせてくれたのです。すぐに電車やバスを乗り継いで2日かけて戻りました。やっと戻ってきたパソコン、カメラ、iPhoneは、データは消去され、本体もボロボロに破壊されていました。でも、盗難品を受け取った帰り道は、うれしくて笑顔になっていました。盗難届を出したときに助けてもらったおじさんにも連絡し、一緒についてきてもらったのですが、おじさんも喜んでくれました。そして、得意料理のサワークリーム入りのオムレツをごちそうしてくれたのです。おかげでブカレストに戻る頃には落ち込んでいた気持ちも少し晴れ、ウクライナを目指す元気が出てきました。

THE PASTRY DIARY

2012/9/1

ルーマニアの朝食と言えば「Lángos（ランゴシ）」。かなり柔らかい生地にチーズを詰めて揚げたもの。揚げたあとにチーズを挟んだり、まん丸に揚げてヨーグルトチーズやニンニクの汁を振りかけたり、地方でバリエーションもいろいろ。

2012/9/3

ルーマニアで一番ポピュラーな郷土菓子「Papanaşi（パパナシ）」。揚げたての大小のドーナツを重ね、ルーマニアのサワークリーム、スムントゥナと酸味のある赤いジャムをつけて食べる。パパナシはかなりヘビーなボリュームとこってりさ。ルーマニアに来られる方はご注意ください。（レシピP50）

ルーマニアのパティスリーは、まるで昭和の香り漂う街角のタバコ屋のよう。きれいな普通のパティスリーもあるけど、店頭売りスタイルのほうが主流。お菓子たちはササッと愛想なく紙袋に詰められていく。ルーマニアにおけるお菓子の位置づけに謎は深まるばかり。デザート？駄菓子？それともお菓子に興味がない？

2012/9/5

かつてはハンガリー領、今はルーマニアのトランシルヴァニア地方の郷土菓子「kürtőskalács（クルトシュカラーチ）」。焼き上がる直前に砂糖をコーティングして、キャラメルになるまで焼くことで、外はパリパリ、中はもっちりになる。別名「煙突ケーキ」。僕が初めて見たチェコのトゥルドゥロと姉妹の関係。調べたら、西欧、東欧以外に中近東、南アフリカなどにも伝わっているらしい。

2012/9/7

「Şarlotă（シャルロータ）」。フランスにもあるお菓子だけど、ルーマニアのほうが素朴。まるでパリジェンヌに憧れる田舎の乙女のよう。でも、そんなこと、気にするなよ。キレイなだけがすべてじゃない。前向きに生きようぜ、ルーマニア菓子！

ウクライナ

UKRAINE

Data

面積　60万3700㎢
人口　約4520万人
首都　キエフ
言語　ウクライナ語
主要産業　鉱工業、農林水産、建築、サービス業

滞在期間
2012年9月14日〜10月25日

おちこんだりもしたけれど、ぼくはげんきです……ということで、ウクライナです。日本や現地の人たちの助けもあり、僕は徐々に元気を取り戻しました。ウクライナへのルートは北ルーマニアからぐるっと周遊するコース。この月の走行距離は2000㎞。途中、2回、闇の中をさまよい、自転車ごとヒッチハイクもしました。

ウクライナの国境付近は数百メートル続く龍神の背中のようなハードな山道。大変でしたが素敵な出会いもありました。悪そうな人にも会わず、大陸は続いているのに国をまたぐと人柄は大きく変わるものなんだなぁと思いました。

僕のウクライナ人の印象は、繊細できれい好き。街には、それまでの国で見慣れてきた落書きがぜんぜんありません。他国文化の受け入れも柔軟なようで、フランス菓子店どころか和食屋さんまであるのには、驚きました。

到着したときは黒海に面したОдеса（オデッサ）からフェリーでトルコに向かう予定でしたが、航行がシーズン限定とのこと。そこで、唯一、航行していたジョージア行きに乗り、南東へ向かうことにしました。帰国はいつになるやら。まだまだ旅は続きます。

THE PASTRY DIARY

2012/9/14

買ったばかりのシャンプーがカバンの中で爆発。地味だけど、こういうの凹む。いろいろなものがシャンプーまみれになりながら、ウクライナ入国。

2012/9/19

キエフ到着。ビールがこの世のものとは思えないくらいうまい！もうマジ、美味。うまっまー。

2012/9/20

一息ついて、はるばる日本から送ってもらった新しいパソコン子を受け取りに空港へ。お迎えはビシッとスーツで。ボスニア警察から帰還した先代のパソコン子、iPhone子、カメラ美は日本に帰国。おつかれさま〜。

2012/10/3

お騒がせしております。私はまた大事な仲間を失いました。堅いチーズをかじっていたら差し歯が取れたっ！ 写真はウクライナで作ってみた自作のパパナシ。

2012/10/8

呪文のようなキリル文字の世界に惑わされて注文したお菓子。リンゴのフタを開けてびっくり。くり抜いたリンゴの中には、左はライスプティングとクルミ、右はライスとクルミ。よく分からない組み合わせ。

ウクライナには安くておいしいイートインの菓子店も。横にいたお姉さんは手づかみでチョコの生菓子をほおばっていた。スカッシュ！

2012/10/10

キエフから500㎞走り、豪雨の中、Харків（ハルキウ）に到着。ウクライナ第2の都市。もうちょい進めばロシア。ビザがないので入れないけど。

東欧からロシアの人なら誰でも知ってる定番のはちみつケーキ「Медовик（メドヴィク）」。ウクライナは、チェコのメドヴニクより、生地もクリームもあっさり。

ウクライナ全土で食べられる「Сирники（スィルニキ）」。カッテージチーズと卵、小麦粉を混ぜた生地をフライパンで両面をこんがり。甘酸っぱいフルーツジャムとロシア圏のサワークリーム、スメタナをかけて食べる。寒い朝にホカホカのチーズの香り、ジャムの酸味、スメタナのコクはたまらないおいしさ。（レシピ P52）

2012/10/12

ときには残念なお菓子もある。チョコプリンココナッツ。チョコプリンもココナッツも頼んだ覚えがないのに来ちゃう。食べるけどさ。お姉さん、うれしそう。

2012/10/14

後輪のパンクを修理して60㎞走ったら前輪もパンク。なんなの？で、本日、チャリンコ専用エステサロン、通称チャリ屋に行ってきれいにしてもらった。チャリ江、ピカピカ！

2012/10/21

ウクライナの「Наполеон（ナポレオン）」。薄いパイ生地とミルクを甘く煮たもちっとしたクリームが何層にも重なっている。パイ生地と言っても、もちもちした食感。

もちっとニンジンの香りがしっかり感じるキャロットケーキ「Мороквнhій（モルコヴニツェ）」。粗く刻んだナッツやナツメグなどのスパイスもしっかり入っていてスパイシーでおいしい。（レシピ P53）

2012/10/25

ひまわりの種を押し固めたこいつが何気に病みつき。ボリボリ。パッケージにはスズメの絵が書いてある。

そろそろウクライナともお別れ。写真はリンゴ売りのお母さん。乾燥リンゴとか売ってた。ウクライナの人は繊細で声が小さくて働き者。日本人ときっと気が合う。

HUNGARY

~ ハンガリー ~

Bejgli

ベイグリ

プチプチ食感のケシの実フィリングをもっちりした生地で巻いた伝統的なクリスマス菓子。レモンの香りも味のアクセント。ハンガリーの家庭では3、4本焼いて、新年まで楽しみます。

［ **材料** ］（長さ25cmのもの１本分）

生地

薄力粉……75g
強力粉……75g
ドライイースト……２g
グラニュー糖……25g
塩……ひとつまみ
卵黄……１個分
牛乳……75g
バター（常温に戻す）
……40g

フィリング

ケシの実（黒）……50g
沸騰した湯……25g
グラニュー糖……30g
はちみつ……５g
バター……15g
卵白……20g
クルミ、アーモンド（ともに160℃のオーブンで６分焼く）……各10g
レーズン……10g
レモンの皮（すりおろす）
……1/2個分

［ **作り方** ］

1. 生地の薄力粉、強力粉、ドライイースト、グラニュー糖、塩、卵黄をボウルに入れて手で混ぜ、牛乳を加えてよくこねる。表面がなめらかになったらバターを加え、さらにこねる。生地がなめらかになったら、表面を張らせながら丸くとじる。ボウルにラップをかけ、温かいところで生地が２倍にふくらむまで発酵させる。

2. ケシの実をボウルに入れ、沸騰した湯を加え、ラップをして30分蒸らす。

3. **2**のケシの実、グラニュー糖、はちみつ、バターを鍋に入れて混ぜ、中火にかける。木べらでかき混ぜながら、もったりしたら火からおろす。

4. クルミ、アーモンド、レーズンをフードプロセッサーで砕くか、包丁で細かく刻む。ボウルに入れ、**3**とレモンの皮を加えて混ぜる。常温まで冷ます。

5. 別のボウルで卵白を角が立つまで泡立て、メレンゲを作る。**4**のボウルに混ぜる。

6. 打ち粉（分量外）をした台の上に**1**をのせ、25×30cm角にめん棒でのばす。上下左右を２cm空けて、**5**のフィリングを塗る。

7. 生地をロール状に丸め、フィリングがもれないようにとじ目をしっかり合わせ、とじ目を下にする。端も手でつまんでとじる。

8. 天板にのせ、フォークで表面に穴をあけ、ラップをかけて15分寝かせる。

9. 170℃のオーブンで40～50分焼く。冷めたら、1.5cm幅に切る。

REPUBLIC OF CROATIA

～ クロアチア ～

Kremšnita

クレームシュニッタ

生まれはサモボルという小さな町。サクサクのパイ生地の間にカスタードとメレンゲを合わせたクリームを挟み、さらにホイップクリームがのるクリーム祭りのお菓子。クロアチアでも一番人気です。

［ **材料** ］（15㎝角の流し缶1台分）

冷凍パイシート（市販品）……２枚

クリーム

- 卵……４個
- グラニュー糖……150g
- 薄力粉……80g
- 牛乳……400g
- バニラビーンズ（裂いたさやと種）……1/2本

生クリーム……100g

グラニュー糖……10g

粉糖（溶けないタイプ）……適量

［ **作り方** ］

1. パイシートをめん棒で1.5㎜厚さにのばす。175℃のオーブンで20分、焼き色がつくまで焼き、網の上で冷ます。パイ生地を軽く押してならし、流し缶の底のサイズに１枚、５㎝角に９枚切る。

2. 卵を卵黄と卵白に分ける。卵黄に75gのグラニュー糖を加え、白っぽくなるまで泡立て器で混ぜる。ふるった薄力粉を加え、粉っぽさがなくなるまで混ぜる。

3. 牛乳、バニラビーンズを鍋に入れ、泡立て器で混ぜながら、ふつふつとしたら火を止める。

4. **2**に**3**を少しずつ加え、泡立て器でよく混ぜる。

5. こし器でこし、鍋に戻して中火にかけ、泡立て器で混ぜながら、しっかり弾力が出るまで煮る。ボウルに移す。

6. 卵白を別のボウルに入れ、泡立てる。残りのグラニュー糖75gを３回に分けて加え、その都度、泡立て、角が立つくらいまで泡立てる。

7. **5**のクリームに**6**のメレンゲを少しずつ加え、泡立て器でさっくりと混ぜる。

8. 流し缶サイズに切った**1**のパイ生地を流し缶に敷き、**7**を入れて、上部１㎝くらい空けて平らにならす。ラップをかけて冷蔵庫でしっかり冷やす。

9. 生クリームにグラニュー糖を加え、七分立てにする。**8**にのせて、平らにならす。

10. ５㎝角のパイを**9**の上に並べる。流し缶をはずし、パイ生地の隙間から包丁で切り分ける。仕上げに粉糖をふる。

BOSNIA AND HERZEGOVINA

〜 ボスニア・ヘルツェゴビナ 〜

Tufahija

トゥファヒヤ

クルミを詰めた上品な甘さの煮リンゴに生クリームを帽子のようにのせた、かわいらしい郷土菓子。生クリームの上にチェリーやクルミを１個飾ることも。そのおいしさに感激したお菓子の一つです。

［ **材料** ］（作りやすい量）

リンゴ……４個
クルミ（飾り用のクルミと一緒に 160℃のオーブンで８分焼く）……150g
バター……30g
グラニュー糖……250g
はちみつ……20g
水……300g
バニラビーンズ（裂いたさやと種）……１本
レモン汁……１個分
生クリーム……100g
飾り用のクルミ……適量

［ **作り方** ］

1. リンゴの皮をむき、底面を抜かないように注意しながら、芯と種をくり抜く。

2. クルミを刻み、リンゴの芯に詰める。

3. リンゴ、バター、グラニュー糖、はちみつ、水、バニラビーンズ、レモン汁を鍋に入れ、ふたをして中火でリンゴが十分に柔らかくなるまで煮る。

4. 鍋に入れたまま、常温まで冷ます。

5. 生クリームを泡立てる。

6. 皿に盛り、**5** をリンゴの上に絞り、細かく刻んだ飾り用のクルミを散らす。

memo

リンゴは紅玉よりふじがおすすめ。繊維質の多いリンゴのほうがトゥファヒヤには向いている。

REPUBLIC OF SERBIA

〜 セルビア 〜

Zito

ジート

セルビア正教の伝統菓子で、家庭ではそれぞれに違う守護聖人を祭る「スラヴァ」という日に食べます。日本にはないザクザクした食感とねっとりと香るクルミの味は感動もの。これぞ郷土菓子です。

[**材料**]（作りやすい分量）

玄小麦……120g
クルミ（160℃のオーブンで８分焼く）……50g
はちみつ……50g
バニラビーンズ（種のみ）……1/3 本分
飾り用クルミ（160℃のオーブンで８分焼く）……適量
生クリーム……適量

玄小麦は未精製の全粒小麦のこと。アマゾンなどのネット通販で手に入る。

[**作り方**]

1. 玄小麦をよく洗い、たっぷりの水（分量外）に一晩、漬ける。

2. **1** の玄小麦と新しいひたひたの水（分量外）を鍋に入れて強火にかけ、沸騰したら弱火で１時間煮る。ザルにあけて水気をきり、鍋に戻してひたひたの水（分量外）を加え、さらに弱火で１時間煮る。煮ている間に水が足りなくなってきたら足す。ザルにあけて、水気をきる。

3. **2** を挽き肉器に２回かけて、ボウルに入れる。

4. 細かく刻んだクルミ、はちみつ、バニラビーンズを加え、木べらでよく混ぜ合わせる。

5. 深めの器に盛り、飾り用クルミを十字に並べる。

6. 生クリームを７分立てに泡立て、取り分けて食べるときにたっぷりかける。

挽き肉器を使うと現地風の食感に。挽き肉器はネット通販で、2000 円前後で購入可能。すり鉢を使う場合は粗めに粒を残す。フードプロセッサーはうまく廻らない。

ROMANIA

〜 ルーマニア 〜

Papanași

パパナシ

ルーマニアを代表する揚げ菓子。起源が古代ローマ時代という言い伝えもあるほど、昔から愛されています。カッテージチーズ入りボールが熱々のうちに、クリームとジャムをたっぷりかけてどうぞ。

［ **材料** ］（作りやすい量）

カッテージチーズ（裏ごしタイプ）……200g
卵……40g
グラニュー糖……60g
バニラビーンズ（種のみ）……１本分
レモンの皮（すりおろす）……１個分
レモン汁……15g
塩……ひとつまみ
強力粉……125g
ベーキングパウダー……小さじ１
揚げ油……適量
サワークリーム……適量
生クリーム……適量
フランボワーズなど酸味のある赤いジャム……適量

［ **作り方** ］

1. カッテージチーズの水気をきり、ボウルに入れる。卵、グラニュー糖、バニラビーンズ、レモンの皮、レモン汁、塩を加えて混ぜる。

2. 強力粉とベーキングパウダーを **1** に加え、手でよく練り合わせる。ラップで包み、冷蔵庫で２時間寝かせる。

3. 打ち粉（分量外）をした台にのせ、直径２㎝くらいに丸める。

4. 170℃の油で中に火が通り、こんがりと焼き色がつくまで揚げる。

5. 揚がったボールを皿に山状に重ねて盛り、サワークリームと生クリームを２対１の割合で混ぜ合わせたクリーム、ジャムをかける。

memo

現地では「スムントゥナ」というコクと酸味のあるクリームを使う。日本では手に入らないのでサワークリームと生クリームを混ぜて代用する。

UKRAINE

〜 ウクライナ 〜

Сирники

スィルニキ

スィルはチーズの意味。白いチーズで作るパンケーキです。東欧では人気が高く、ロシアやリトアニアなどでも朝食やおやつによく食べます。外側は香ばしく、内側はしっとりしたやさしい味です。

［ **材料** ］（直径５㎝のもの 12 個分）

カッテージチーズ
（裏ごしタイプ）……200g
グラニュー糖……50g
卵……30g
強力粉……100g
ベーキングパウダー
……小さじ 1/2
レモン汁……大さじ 1
油……適量
サワークリーム、生クリーム、
好みのジャム……各適量

［ **作り方** ］

1. カッテージチーズの水気をきり、ボウルに入れる。グラニュー糖、卵、強力粉、ベーキングパウダー、レモン汁を加えてよく混ぜる。冷蔵庫で２時間寝かせる。
2. 12 等分する。打ち粉（分量外）をしながら、１個が直径５㎝、厚さ１㎝の円盤形になるように手で成形する。
3. 熱して油をひいたフライパンに並べ、ふたをして弱火で両面を焼く。
4. 表面に焼き色がついたら、皿に盛る。サワークリームと生クリームを２対１の割合で混ぜたクリーム、ジャムを添える。冷めると固くなるので、温かいうちにどうぞ。

UKRAINE

〜 ウクライナ 〜

МОРОКВНhIЙ

モルコヴニツェ

ウクライナ語で「ニンジンケーキ」の意味。たっぷりのニンジンを使うのは、野菜料理をよく食べるお国柄かも。スパイシーな風味と植物油を使った軽い食感が魅力。冷やしてもおいしいケーキです。

[**材料**]（直径15㎝の丸型1台分）

ニンジン……150g
グラニュー糖……100g
純正植物油（グレープシードオイルや太白ゴマ油などクセの少ないもの）……45g
卵……200g

薄力粉……175g
ベーキングパウダー……小さじ1
シナモン（パウダー）……小さじ1
塩……ひとつまみ
バニラビーンズ（種のみ）……1/2本

クローブ（粒）……10個
クルミ（160℃のオーブンで8分焼く）……50g
レーズン……35g
生クリーム、刻んだクルミ……各適量

[**作り方**]

1. ニンジンは粗めにおろす。クローブは包丁でみじん切りにする。
2. ニンジン、グラニュー糖、油、卵をボウルに入れ、泡立て器で混ぜ合わせる。
3. 薄力粉、ベーキングパウダー、シナモン、塩を合わせ、**2**にふるい入れ、さっくりと混ぜる。バニラビーンズ、クローブも加えて混ぜる。
4. クルミ、レーズンを加えて混ぜ、型に入れる。180℃のオーブンで50分焼く。冷めたら切り分け、七分立ての生クリームをのせ、刻んだクルミを散らす。

Sweets & Smiles

Transcaucasia & Middle East

南コーカサスと中東の郷土菓子

旧ソ連圏に入るとハンガリーやルーマニアとはまた違う雰囲気の郷土菓子がたくさんありました。そっけないほどの素朴さだったり、ユニークな作り方だったり……。トルコも郷土菓子の宝庫です。この頃になると自転車の一人旅にもだいぶ馴れ、多くの町でいろいろな人に親切にしてもらいました。人と触れ合う温かさも現地で食べる郷土菓子をさらにおいしく、楽しいものにしてくれたと思います。

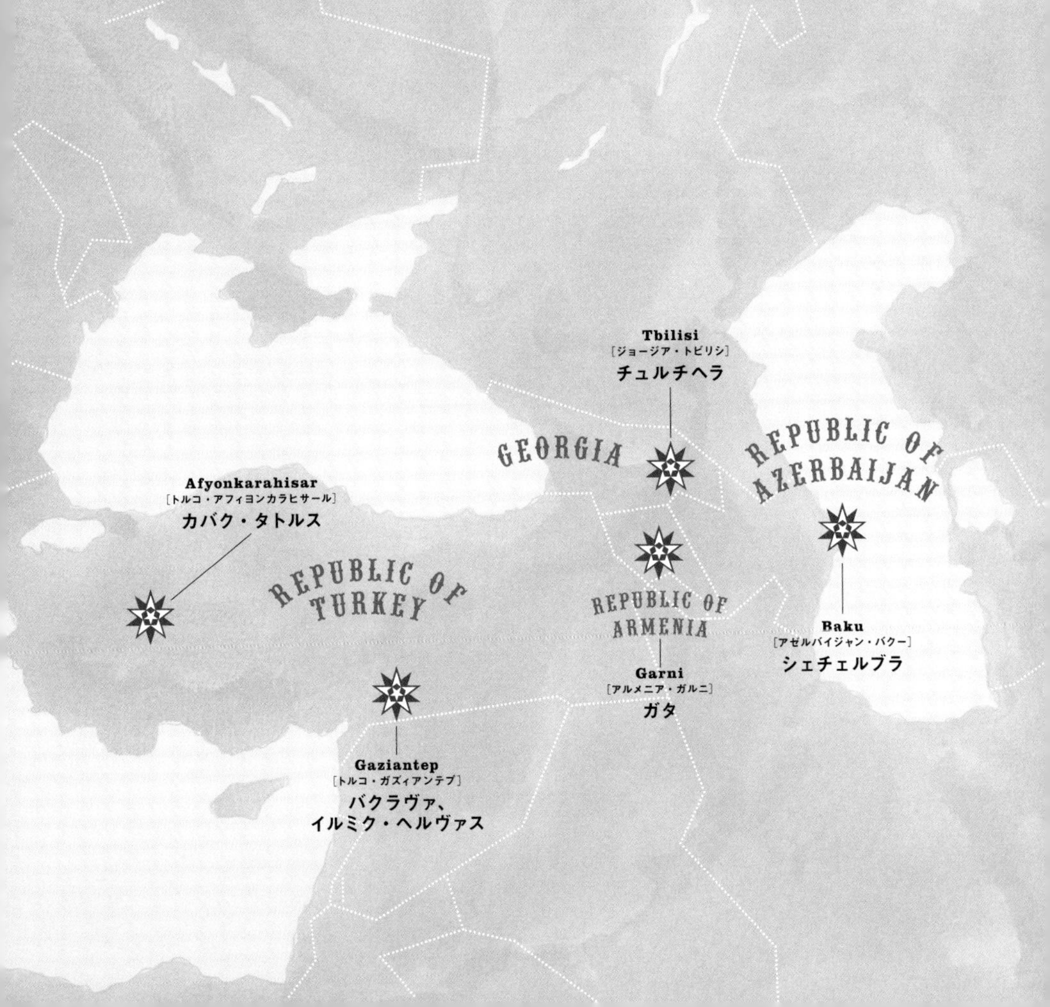

月

ジョージア
GEORGIA

Data

面積　6万9700㎢
人口　約430万人
首都　トビリシ
言語　ジョージア語
主要産業　農業、食品加工、鉱業

滞在期間
2012年10月28日～2013年5月14日

黒海の東に位置するジョージアは、2015年3月まで日本では「グルジア」と呼ばれた国です。ウクライナからフェリーで2日かけて着いたジョージアは、僕の印象では人も食べ物も「濃い国」。トルコがお隣だからでしょうか。到着して見た美しい海の朝焼けからして濃～い感じがしました。ジョージアの郷土菓子で衝撃を受けたのが「Churchkhela(チュルチヘラ)」。芋虫のような形で見た目はドキッとしますが、ナッツをフルーツジュースで固めたもの。ジュースの部分はやわらかくグミのような食感。ナッツの香ばしさも加わって、やみつきになるおいしさです。市場のチュルチヘラを売っているお店には、赤やダークオレンジ、黒光りしているチュルチヘラがずらりと吊り下げられ、眺めていると不思議な世界に連れ込まれそうな気がしました。

ジョージアはブドウの産地としても世界的に有名で、グルジアワインは8000年以上の歴史があります。そんなおいしいワインと一緒にお菓子をつまんだり、温泉に入ったり……。アゼルバイジャンやトルコを旅する拠点にもなり、出入国を繰り返したジョージアでは、濃くて貴重な体験がたくさんできました。

THE PASTRY DIARY

2012/10/30

さっそくKutaisi（クタイシ）でお菓子を捜索。面白い。市場で紐につるされたナッツキャラメルのようなナニカを発見。ウクライナにもあったけど、ジョージアの方がメジャー。「チュルチヘラ」と言うらしい。(レシピP66)

チュルチヘラ用のナッツに糸を通しているお母さん。

これがチュルチヘラ！糸を抜いてスライスして食べる。濃縮されたブドウの味がする。うまい！

なめし革みたいなのもフルーツ菓子。「Tklapi（トウクラピ）」という名前。煮詰めたフルーツピューレを薄くのばして紙状にし、乾燥させたもの。イチジクやプラム、アプリコットなど10種類以上あった。チュルチヘラと同じく、古くから伝わる保存菓子。ビリッとちぎってむしゃむしゃ食べる。

ジョージアに入ってからミミズ文字だらけ。読めない！床屋さんの奥にはジョージアの国旗。

明日、お届けする「THE PASTRY TIMES vol.5」はウクライナの郷土菓子特集号。設置してくれるお店も増えてきた。うれしい！

これもブドウのお菓子「Pelamushi（ペラムシ）」。乾燥の工程はないけれど、小麦粉と一緒にブドウジュースを煮詰め、ナッツを組み合わせるのはチュルチヘラと同じ。必ずクルミが使われる。作り方を教えてもらって僕が作ったんだけど、フリスビーに乗せられたのは、ペラムシも初めてのはず。

2012/11/12

ジョージアのとある山で出会った女の子たち、と、彼女が朝作ったピロシキのような何か。名前を聞きそびれた……不覚。1個いただきました。ウマウマ！

2012/11/15

所持金がさびしくなってきたことと、ここで冬を越すために、アルバイトを考える。が、同い年の料理人の月収が1万円。シェフレベルでも10万円。予想以上に低い。そして、レストランマネージャーに「給料は払えない。経験のために働くなら大歓迎」と言われた。ああ、予感は的中。働くのはムリ。日本の皆さんに「THE PASTRY TIMES」のサポーターになってもらって、支援してもらうしかない。

2012/11/18

「Gozinaki（ゴズイナキ）」。ジョージアでは新年を祝うために家庭で作られる。日本でいう鏡餅みたいなものかな。はちみつと砕いたクルミを低温でゆっくり煮詰め、薄くのばしたものをひし形にカットする。ねちっとした食感でキャラメルヌガーみたい。

黒髪の美青年が持つのは「Korkoti（コルコティ）」。そばの実をはちみつで甘く煮てお粥状にしたら、レーズンやウォールナッツをトッピング。日本でもそばの実が手に入れば、すぐにできる！

美女が手にするのは「Khachapuri Shampuze（ハチャプリ・シャンプゼ）」という串焼き菓子。ジョージアがあるコーカサス地方は串焼き料理が有名だけど、お菓子もあるとは。串に刺したチーズをパイ生地で巻いて炭火で焼く。そう甘くはないけど、とろとろのチーズは日本人も大好きな味。

フルーツドリンクもジョージアは豊富。これは「Lagidze（ラグォイツェ）」と呼ばれるフルーツシロップのソーダ割り。レモンとチョコレート味をミックスしたソーダがジョージアでは人気だそう。

霧の中、ジョージアとアゼルバイジャンの国境にある山に登ってきた。向こう側に下るとアゼルバイジャン。山の上ではアゼルバイジャンの軍曹が銃を構えて警備している。物騒なモノはひとまず置いてもらい、写真を撮ってもらった。意外にフレンドリー。

2012/11/19

ホームページやＳＮＳでスポンサーの募集をしたら、さっそく数名の方からお申し込みがあった。本当にありがとうございます。一口でも助かります。僕が旅を続けられるのも、応援してくれる皆さんのおかげです。

2012/11/27

昨日、アゼルバイジャンへのビザを取りに大使館に行ったら、即、断られた。取得できる条件をすべて揃えていったのに、ひどい……。その足で日本大使館に行ってお願いしたら、入国を助けてくれる書類を書いてくれた。これできっと大丈夫。明日また行こう。

2012/12/3

お母さんとチュルチヘラ作り。

しゃ、写真撮らせてもらっていいでしょうかーーー！思わず撮ってしまった。かわいすぎる。影が不審者を物語ってるなぁ。

2012/12/4

右から最近のマイ流行果物フェイジョアのコンポート。好きすぎる！次がジェニパーベリーのドリンク。うう、残念、ジャンキーだ。ジョージアの固有のブドウ品種、サペラヴィ種のレモネード味。これもジャンキー味。一番左はCornelian cherryのコンポート。西洋山茱萸って何？食材に詳しい方、ご教授、お願いします。

アゼルバイジャン共和国
REPUBLIC OF AZERBAIJAN

Data

面積　8万6600㎢
人口　約950万人
首都　バクー
言語　アゼルバイジャン語
主要産業　石油・天然ガス、石油製品、鉄鉱

滞在期間
2012年12月5～21日

アゼルバイジャンは、僕がずっと行ってみたかった国の１つです。コーカサス３国では唯一のイスラム教国で、かつてはシルクロードの要所として栄えました。旧ソ連領という歴史を持ちながら、トルコとも深い友好関係にあるので、郷土菓子もトルコの影響を色濃く受けています。

僕のアゼルバイジャンへの旅は16日間。ジョージアから行って戻るというもの。ビザが必要な国なのでジョージアにあるアゼルバイジャン大使館に申請に行ったら、即、却下。理由はよく分かりません。その足で日本大使館に行き、推薦状を書いてもらったら、無事にビザを取得できました。ビザの取得費用は国によって違うのですが、多くの国が日本人には寛容です。アゼルバイジャンもフリーでした。旅をしながらしみじみ思うのは、日本人というだけで、どこの国も過ごしやすいこと。人が好意的で旅が楽しくなります。先に旅をしていた日本の先輩たちには本当に感謝です。

訪問した街は、首都のBaku（バクー）、Gəncə（ゲンジェ）、Şəki（シェキ）、Quba（グバ）、Qusar（グサル）、Lənkəran（ランチェラン）と、名前が分からない田舎の村です。アゼルバイジャンは、隣国のジョージアやアルメニアに比べても郷土菓子がとても豊か。僕がたずねた街でも独特のお菓子を見つけることができました。

短い旅でしたが、住民はみんな親切で人懐っこい。人好きする国民性はイスラム文化のせいかもしれません。

THE PASTRY DIARY

2012/12/7

シェキの町で宿代が3000円もする高級宿。昔は絹商人たちが寝泊まりしていたそうで、倉庫も残っていた。

2012/12/8

アゼルバイジャンで出会った乳製品。Ayran（アイラン）は、ヨーグルト＋塩＋水。トルコ圏の飲み物。Dovğa（ドウガ）はヨーグルトにこれでもかと、ディルやミントのハーブが詰まった飲み物。Qatiq（カティク）はヨーグルト。Xama（ハマ）はスメタナ。脂肪分別で売られている。一番高いので30%で、これが美味。Qaimaq（カイマック）は、ミルクを弱火でゆっくり2時間以上煮詰めて、どうにかしたもの。遠心分離かナニカ。脂肪分は60%くらい。バルカン半島、トルコ、中央アジアで食べられるそう。この積み方、アゼルバイジャンではよく見る。

2012/12/9

シェキの郷土菓子「Şəki Halvasi（シェキ・ハルヴァ）」。かなりうまい。ハルヴァというよりバクラヴァのようなカダイフのような。外はパリッパリで中はしっとり、ナッツが甘く香ってくる。成形前にサフランで赤く染めた液体を使い、格子模様をつけている。

シェキにはシェキ・ハルヴァの専門店も多い。

2012/12/11

北部の小さな町グバのバクラヴァ。上面が赤いのはサフランで着色されているから。大きな丸い鉄板にはけのようなもので生地を細く垂らしながら薄く焼き、麺状の独特のパリパリ生地を作る。

その麺状の生地とナッツを層にして挟んだのがこちら。甘いシロップがたっぷり。アゼルバイジャンのチャイ男とツーショットよ。

アゼルバイジャンのバクラヴァは本家トルコとはまたちょっと違う。パイのシロップ漬けというよりクッキーっぽい食感。シェキ・ハルヴァとも見た目は似ているけれど、味はやっぱり違う。

クッキー生地にクルミのフィリングが詰まっている「ソチ・バクラヴァ」。ロシアのソチに関係しているのかは不明。

2012/12/12

アゼルバイジャンを代表する郷土菓子「Sekerbura（シェチェルブラ）。カルダモンの香りがするクルミやヘーゼルナッツのザクザクしたフィリングを、無糖のあっさりした生地で餃子のように包んだもの。網目模様がおしゃれ。模様付けの専用ピンが市場で売られていて、1個買ったのだけど、帰国後になくしてがっかり。日本のアゼルバイジャン大使館の人にお願いしたら、快く譲ってくれて、ありがたかった。（レシピP68）

アゼルバイジャンは紅茶の国。ティータイムにはフルーツを甘く煮た「Mürəbbəsi（ムレベ）」が欠かせない。手に入るあらゆる果物がムレベになっているんじゃないかと思うくらい種類は豊富。でもさすがにバナナはないそう。

「Samavar（サマヴァル）」という紅茶を入れる専用ポット。空洞になっている中心部で火をおこし、紅茶を保温する。アゼルバイジャンには「Chaykhana（チャイハナ）」という伝統的な茶室がある。昔はチャイハナは男性の社交場だったらしい。

2012/12/15

アゼルバイジャンの田舎の村では、家庭でチーズを作るとき、こんな道具を使う。搾りたてのミルクを入れて2人で棒をゆらすとチーズになるんだそう。

アゼルバイジャンのチーズはどれもおいしい。ヨーロッパのチーズとも違うおいしさ。とくにお皿の左下にある黒ゴマのカイマックがたまらない。

アゼルバイジャンは鶏肉が絶品！これまで食べたことのないおいしさ。肉質はしっかりしていながら、しっとり柔らかい。こんなストロングな鶏は初体験。アルコール度数80％のお酒も初体験。胃に穴があいたかのような激痛。そりゃ風邪も治ります。

2012/12/21

6日ぶりの風呂。アゼルバイジャンの村で生活する大変さを実感。

アゼルバイジャンの旅、終了！冬山登山も経験。アゼルバイジャンは石油資源が豊富なこともあって、経済成長率が高い。バクーには近代的なビルもあるけれど、地方はまだまだ素朴だった。

アルメニア共和国
REPUBLIC OF ARMENIA

Data

面積 2万9800㎢
人口 約300万人
首都 エレバン
言語 アルメニア語
主要産業 農業、宝石加工（ダイヤモンド）、IT産業

滞在期間
2013年1月2～28日

6時間で着くはずが、60kmあたりでバスが壮絶な音とともに完全停止。太くて長くて大事そうなどこかの芯がぶっ飛んでました。バスから降りると夕日のグラデーションが雪山に映えて、あぁ、なんて美しい。でも、それは日没のサイン。家もなく、人もいない酷寒の2時間、ヒッチハイク活劇の始まりです。しょっぱなからサバイバル。首都のYerevan（エレバン）まで寒くて熱いヒッチハイクでした。

アルメニアは国土の90％が標高1000～3000mの山岳国。エレバンからはノアの箱舟が降りた伝説で有名なアララト山がきれいに見えます。歴史的に外国との交流が少なかったからなのか、郷土菓子も華やかなものはほとんどなく、材料もシンプルです。でも、保存がきき、噛むほどにおいしいものが多くありました。

THE PASTRY DIARY

2012/1/3

ボスニア・ヘルツェゴビナで知った「クルミの甘露煮」。若い緑のクルミを甘く煮てあり、殻ごと食べる。ウクライナでもジョージアでも見かけなくて、アルメニアのスーパーにあるとは！名前は「Ynkuyzi Muraba（オンキューズィ・ムラバ）」。激しいテイストを予想したら、意外にやさしい。

2013/1/5

年明け早々だから店が開いてないにゃ。アルメニア日本人会に連絡をとってみよう。

2013/1/6

「T'tu Lavash（トゥトゥ・ラヴァシュ）」。ジョージアではトゥクラビ、アゼルバイジャンでは「Turşu（トゥルシュ）」と呼ばれる。フルーツジュースを平らに固めたものでナッツとはちみつを混ぜたフィリングを巻いている。

アルメニアのコーヒーは、飲み終わると底に粉が残る。だから、アルメニアはコーヒー占いが人気。カップを皿に返し、落ちた粉の模様で占う。このカップの下もどんな模様なんだろう。

2013/1/12

今日はアルメニアを代表する郷土菓子「Gata（ガタ）」発祥の村Garni（ガルニ）へ。雪に埋もれた村にはお寺があり、その向かいにいた！トラディショナルなビッグガタ様。他にもドライフルーツのお菓子、ジャム、はちみつなんかを売っていた。それにしてもクルミの甘露煮もローズジャムもスーパーとは比べものにならないおいしさ。衝撃。やっぱりヴィレッジの方がうまいものがたくさんある。（レシピP70）

ガタにはバターと砂糖のフィリングが詰まっている。エレバンではパイ生地で作られていたけど、ガルニではパン生地を使う。結婚式のとき、新郎の友人が用意したカゴにガタと新婦の香水、靴を入れ、そのカゴを新婦の友人が持って踊るという儀式もあるそう。ガタの形は2つあり、これは四角に成形したもの。生地を細く長くのばしてから、カットしている。

2012/1/13

アルメニアはドライフルーツが有名で種類も豊富。アプリコット、イチジク、リンゴ、洋ナシ、プラムにピーチ。乾燥もあれば、シロップで煮てじっくり糖度を上げ

たものまでいろいろ。はちみつでからめたナッツを甘く煮たドライフルーツに詰めるのも定番のお菓子。なぜコーカサス地方でドライフルーツが特産かというと、ロシアから輸入するようになるまで、砂糖は高価なものだった。フルーツを砂糖を使わない方法で保存できないかと考えたことがきっかけなんだそう。

2013/1/14

正月休みだろうと足を踏み入れていなかった市場。やっと行ってきた。入口から本気！ここでもナッツ入りの甘いドライナスとドライトマトが。アルメニアでは定番のようだ。スーパーと市場は天国。

グレープやグレナデンの煮汁でクルミをコーティングした「Sujukh（スジュク）」。ジョージアやアゼルバイジャンにもあった。

今日はアルメニア人の方のバースデーパーティ。先日カメラを失くしたそうで、僕は「カメラをプレゼントするよ」と約束していた。それがこのカメラケーキ。喜んでもらえてよかった。

2013/1/15

「Lavash（ラヴァシュ）」というパン。薄くて紙みたい。食感はもちっとしていてスープに入れると、ふにふにしておいしい。このパンは地面に穴があいたような不思議なオーブンで焼く。インドのナンやジョージアのショティと同じ。

「Khash（ハシュ）」。一見、ただのスープだけど、衝撃的な脂っこさ。具は骨の塊が一つのみ。食べ方は、まず生ニンニクと塩で自分好みに味付けする。そしてラヴァシュをスープにひたして食べる。早朝、それも仕事前に食べるのが伝統なんだそう。

2013/1/19

ホストお勧めのティーサロンは落ち着いた内装でお茶も豊富だった。お菓子とお茶で300円くらい。ケーキはナッツがほろほろしている生地とコンデンスミルクから作ったクリームが層になっている。アルメニア名産のブランデーらしい香りも。たぶん、もともとはロシアのお菓子。名前は「Мужской Nдеал（ムジュスコイ・イデアル）」。意味は「男の理想」。

2013/1/21

アルメニアのりんごアメといかにもなおばあさん。

2013/1/25

お世話になったホストのご家族と。クロアチアの郷土菓子ロジャータを初めて作ってみた。

2013/1/28

昨日は父親の誕生日。遠くからお祝い。バースデーケーキにチェコのメドヴニクを作った。

手前のチーズは2つとも「Checil（チェチル）」。「糸」という意味。太いほうは裂いて食べる。マイルドでアルメニアチーズのなかでは一番好き。細いほうはストロングで臭かった。奥は「Chanakh（チャナック）」。塩辛い。アルメニアのチーズは、ほとんどが塩辛かった。

トルコ共和国
REPUBLIC OF TURKEY

Data

面積　78万576㎢
人口　約7874万人
首都　アンカラ
言語　トルコ語
主要産業　サービス業、工業、農業

滞在期間
2013年2月1日～5月1日

バスで27時間かけてİstanbul(イスタンブール)に到着。トルコはオスマン帝国の後継国。東はアゼルバイジャンから西はモロッコ、北はウクライナ、南はイエメンまで支配していただけあって、ヨーロッパ、イスラム、アジアの文化が入り混じっています。郷土菓子も地域で味わいが異なり、とくにトルコを代表する「Baklava(バクラヴァ)」は地域の違いを追うだけで1冊の本が書けそうなほどです。

シロップを多用するトルコ菓子は確かに甘いのですが、特産のピスタチオなどのナッツ類、ゴマ、ヨーグルト、カイマック、ハーブなどの材料を使い、味に深みを出しています。形状もパイ生地のものからお粥状、ソフトキャンディー、マジパンなどさまざま。そのディープさに、僕はトルコ菓子のシロップに溺れて脱出できないんじゃないかと思うくらい、めくるめく時間を過ごしました。

THE PASTRY DIARY

2013/2/1

トルココーヒーと鶏の胸肉入りプリン「Kazandibi(カザンディビ)」。

2013/2/2

ボザと初めて出会ったのは、ボスニア・ヘルツェゴビナ。花よりボザ子。1876年からの老舗ボザ専門店で飲んだのはゴマのボザ。ねっとりぴりぴりでほんのり甘い。

2013/2/4

名前は「Peynirli Helvası(ペイニルリ・ヘルヴァス)」。「Dil Peyniri(ディル・ペイニリ)」というチーズとセモリナ粉でできたヘルヴァ。チーズは繊維が残っていて甘さとクドさを心底、かみしめることのできるお菓子。

2013/2/5

ネットで調べても、トルコのお菓子は50種類以上。ハードワーク。写真のお菓子もバクラヴァをはじめ、全部違う。(バクラヴァのレシピP72)

揚げてシロップに浸す菓子「Tulumba(トロンバ)」も美味。このお店は老舗揃いのイスタンブールでは新しい1989年オープン。

2013/2/7

「Halka Tatlısı(ハルカ・タトルス)」。揚げたてをシロップを垂らしながら食べるのは下品ながら、たまらない。

2013/2/10

お粥のような「Aşure(アシュレ)」。トルコでも最も歴史あるお菓子の一つ。一度食べるべき逸品。麦、米、豆、ドライフルーツ、ナッツなど41種類の材料で作るのが伝統。イスラム暦のムハッラ月に食べるお菓子で、最初の10日間はア

シュレの日。各家庭で大量に作ってご近所に配る。「ノアの箱舟プディング」とも呼ばれ、ノアと彼の家族が神様のために作ったお菓子と何かに記録されているとか。

2013/2/19

「Güllaç（ギュッラーチ）」というラマダン菓子。コーンスターチと小麦粉で作った薄い生地の間にホットなミルクを交互に重ね、バラ水をかける。

2013/2/23

Balıkesir（バルケスィル）で１限だけ高校教師をした。旅で見てきたことなんかをしゃべったけど、心に響いたかな。

2013/2/25

「Macun（マジュン）」。Manisa（マニサ）の町ではターキッシュの節分のときにまく。スパイシー！

2013/3/2

こんなにおいしいマジパンは生まれて初めて。おじさんが１人でその日の分だけ作っている。後継者はいない。西南トルコの素敵な町、İzmir（イズミル）。

「Met Helvası（メトゥ・ヘルヴァス）」。細い繊維のような飴が一直線にのびた固めのパリパリした綿菓子。

2013/3/15

南東部のMersin（メルスィン）で見つけた「Cezerye（ジェゼリエ）」。ニンジンとキャラメルのソフトキャンディー、クルミ、おじさんの祈りが詰まっている。スライスしてココナッツパウダーをまぶせばできあがり。

2013/3/22

バスをヒッチハイクする荒業でHatay（ハタイ）に到着。バラ水が染み込んだでんぷんのキューブにバラ氷をのせて。

2013/3/30

Gaziantep（ガズィアンテプ）はバクラヴァで一番有名な街。ピスタチオの産地でもある。僕の中でトルコの首都はココ。写真はピスタチオのマジパン。

2013/3/31

行くべきはあと13都市。滞在許可ぎりぎりまで食べ続けますゾ。

ピスタチオの選別。ガズィアンテプの立派なバクラヴァ屋で使われていたピスタチオはソフトでやさしい食感とストロングな香り。

「Katmer（カトメル）」。シロップに浸さないので甘さ控えめ。生地はパリパリ。カイマックのやさしいミルクの味わい。

南トルコİskenderun（イスケンデルン）の老舗「Petek（ペテク）」。赤いお菓子はバラの花びらとピスタチオのロクム。ゆべしに似た食感。

2013/4/1

Kahramanmaraş（カフラマンマラシュ）の「Maraş Dondurma（マラシュ・ドンドゥルマ）」。のびーるトルコアイス。

2013/4/17

トルコはこういう細いめん棒が主流。お菓子作りにも使う。

2013/4/20

炒ったひよこ豆の粉「Leblebi（レブレビ）」で有名な街、Çorum（チョルム）のレブレビクッキー。

2013/5/1

さよならトル子。ただいまジョージア。なにげに4回目の入国。

K カザフスタン共和国 REPUBLIC OF KAZAKHSTAN

Data

面積　272万4900㎢
人口　約1790万人
首都　アスタナ
言語　カザフ語（国語）、ロシア語（公用語）
主要産業　鉱業、農業、冶金・金属加工

滞在期間
2013年6月9～12日

トルコからジョージアに帰り、アジアを目指してアゼルバイジャンから船でカスピ海を横断。船内で4日過ごし、カザフスタンに入国しました。到着すると人の顔つきや風習がガラリと変わり、アジアという雰囲気になります。テーブルが低くなり、日本人が味噌汁を飲むように、カザフスタンの人たちもスープの器を口に持っていきます。お菓子はふだん、あまり食べません。でも、結婚や出産、ムスリムの祝日、大切な人を招くときなどに必ずお菓子が並びます。気がつけば、フランスを出発して1年が経っていました。

THE PASTRY DIARY

2013/6/10

ホストファミリーの奥さん。ピタのように肉や野菜を包むパン生地のベシュバルマクをのばしている。

2013/6/11

カザフスタンのチャイはミルクティー。カップにミルク、とても濃いブラックティー、湯の順に注ぐ。そして、カップの半分で止めるのが作法。カップが熱くならないからと言っていた。

ニューテイスト、バルカイマック（スペルはいまだ不明）。ラクダのミルクキャラメル。

ウズベキスタン共和国
REPUBLIC OF UZBEKISTAN

Data

面積　44万7400㎢
人口　約2940万人
首都　タシケント
言語　ウズベク語
主要産業　綿繊維、食品加工、機械、金、石油、天然ガス

滞在期間
2013年6月23日～7月4日

ウズベキスタンも楽しかった、のですが、盗難事件以来のハプニングに遭ってしまいました。この国で旅行者はレジストレーション（滞在登録）が必要。そしてホテルが宿泊日数分の滞在登録をする決まりです。ところが、僕はホテルは数泊で他は民泊やテント泊です。つまり、滞在許可がない状態。「なんとかなる」とタカをくくっていたら、ウズベキスタン人の友だちが心配し、警察に聞こうと言い始めたのです。確認しておいたほうが安心との判断からです。これがやぶ蛇に。即刻、不法滞在で約1000ドルの罰金刑と言われてしまったのです。全財産に匹敵する額です。僕は慌てて日本大使館に相談しました。大使館の方はすぐに駆けつけ、警察と交渉してくれました。結果は罰金を払うか、強制国外退去。迷わず強制退去を選びました。僕の大失敗なのですが、ウズベキスタン青年は自分のせいと恐縮し、申し訳なくなってしまいました。大使館の方にも本当にお世話になりました。ウズベキスタンでは、ホテルに泊まりましょう。

THE PASTRY DIARY
2013/6/23

首都 Toshkent（タシケント）のナン。バザールに行くと、並ぶパンの量に驚く。ウズベキスタン人はパン好き。

「Курут（クルト）」売りの女性たち。クルトは乾燥させたサワークリームを丸めたもので、独特の香りを放つ、というか臭い。

綿菓子を押し固めたようなお菓子「Pashmak（パシュマック）」を売り歩く女性。

タタール人のお菓子「Чәкчәк（チャクチャク）」をバケツに。中央アジアでのお菓子の扱いはこんな感じ。

GEORGIA

〜 ジョージア 〜

Churchkhela

チュルチヘラ

「ジョージアンスニッカーズ」とも呼ばれ、グミのような食感とブドウの甘酸っぱさ、クルミの歯ごたえに手が止まりません。市場にはさまざまなチュルチヘラが、にぎやかにぶら下がっていました。

［ **材料** ］（10㎝長さのもの 20 本分）

ブドウジュース（100%ストレート）……２ℓ
薄力粉……120g
クルミ（160℃のオーブンで８分焼く）
……適量
糸（ボタン付け糸くらいの太さ）
針

［ **作り方** ］

1. 糸を通した針でクルミをつなげ、10㎝の長さにする。20 本作る。

2. ブドウジュース１ℓを鍋に入れ、中火で 500ml に減るまで煮詰める。残りのブドウジュースを加え、ふるった薄力粉を加え、泡立て器で混ぜながら加熱する。

3. とろみがついたら、火からおろす。**1**のクルミを浸し、ぶら下げて乾かす。

4. 乾いたら、再びブドウ液に浸して乾かす。この作業を２、３回繰り返す。ブドウの厚みが３〜５㎜くらいになったら、ぶら下げて３〜５日かけて十分に乾かす。食べるときは、１㎝くらいの厚さにスライスする。

クルミに糸を通して 10㎝になるようにつなげる。

糸を結ぶかクリップなどでぶら下げる。液が垂れるので、下にバットなどを置く。

memo

濃縮還元ジュースは使わない。リンゴやザクロのジュース、クルミの代わりにヘーゼルナッツやアーモンド、ドライフルーツを使うと、いろいろなチュルチヘラが味わえる。

REPUBLIC OF AZERBAIJAN

〜 アゼルバイジャン 〜

Şəkərbura

シェチェルブラ

クルミと粗糖のザクザクしたフィリングを砂糖なしのクッキー生地でくるんだアゼルバイジャンを代表する郷土菓子。餃子のような形と独特の模様はインパクト大。僕のお店でも人気のスター菓子です。

［ **材料** ］（16 個分）

フィリング

クルミ（160℃のオーブンで６分焼いて冷ます）……80g
粗糖……105g
カルダモン（パウダー）……１g

生地

薄力粉……150g
バター（1㎝角にして冷やしておく）……75g
卵……20g
水……35g

［ **作り方** ］

1. フードプロセッサーでクルミを砕き、粗糖、カルダモンを混ぜる。

2. 生地の材料をボウルに入れ、手でよくこねる。冷蔵庫で２時間寝かせる。

3. **2** を 18g ずつに分け、めん棒で１つを直径８㎝の円形にのばす。

4. **3** に **1** をのせて餃子型に包む。縁をとめながら、フィリングを指で押し込み、さらに **1** を詰め、隙間をなくす。縁をしっかりととめる。

5. 縁を端からねじる。タルトピンで表面を斜めにつまみ、模様をつける。模様は片面のみ。

6. 160℃のオーブンで 16 分焼く。焼き色はつけず、白く焼き上げる。

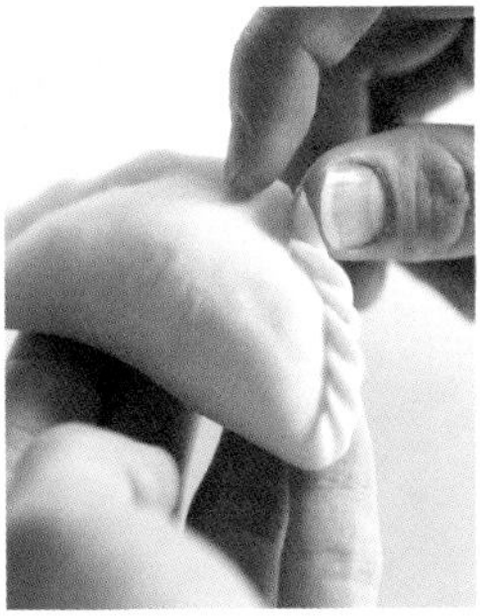

縄模様になるように縁を細かくねじり、終わりの端は後ろに折り込む。

タルトピンで表面を斜めにつまむ。

memo

専用のタルトピンは日本で手に入るタルトピンより小さい。普通のタルトピンで作る場合は、小さめに模様をつける。

REPUBLIC OF ARMENIA

〜 アルメニア 〜

Gata

ガタ

生まれは美しい山岳に囲まれたガルニという歴史のある小さい町。表面に現地語でガルニと書いた丸型とパイ生地を切った四角型があり、どちらもフィリングは同じ。噛むほどにおいしい素朴な味です。

［ **材料** ］（直径 25cmの円盤形1個分）

生地

- 強力粉……250g
- ドライイースト……小さじ 1/2
- バター（溶かす）……15g
- 塩……少々
- 卵……15g
- 卵白……10g
- 牛乳……60g
- 生クリーム……90g
- はちみつ……15g

フィリング

- 薄力粉……180g
- バター（常温に戻す）……85g
- グラニュー糖……70g
- バニラビーンズ（種のみ）……1/2 本分

［ **作り方** ］

1. 生地の材料をボウルに入れ、よくこねる。生地がなめらかになったら、丸くまとめ、ボウルにラップをかけて、温かいところで２倍にふくらむまで発酵させる。

2. フィリングの材料を別のボウルに入れ、よくなじむまで手で混ぜ合わせる。

3. 打ち粉（分量外）をした台に **1** をのせ、手の平で軽く押さえてガスを抜き、丸める。めん棒で直径 25cmの丸形にのばす。

4. フィリングをのせて包み、生地の端をとじて、とじ目を下にする。めん棒で直径 25cmの円盤形にのばす。

5. フォークで表面に穴をあけ、溶き卵（分量外）をはけで表面に塗り、170℃のオーブンで 25 分焼く。

REPUBLIC OF TURKEY

〜 トルコ 〜

Baklava

バクラヴァ

シロップがたっぷり染みこんでいるのに極薄の生地はサクサク。濃厚なピスタチオは口の中でダンスを踊るよう。専門店があり、専用のピスタチオが栽培されるほど、トルコで愛されているお菓子です。

［ **材料** ］（15㎝の角型1台分）

生地

強力粉……225g
薄力粉……110g
塩……３g
水……160g
純正植物油（グレープシードオイルや太白ゴマ油などクセの少ないもの）……50g
酢……５g

A
バター（溶かす）……80g
スーパーグリーンピスタチオ（細かく砕く）……40g

シロップ

グラニュー糖……250g
水……200g
レモン汁……1/2 個分

《飾り》

スーパーグリーンピスタチオ（細かく砕く）……10g

［ **作り方** ］

1. 強力粉、薄力粉、塩をボウルに入れて混ぜ、水を加えて手でよくこねる。油、酢を加えて、さらによくこねる。ラップで包み、冷蔵庫で一晩寝かせる。

2. 打ち粉（分量外）をした台にのせ、打ち粉をしながら、0.3㎜厚さくらいの薄さまでのばす。型のサイズより少し大きめに四角く切る。生地からとれるだけの枚数を切る。

3. **A** のバターを型に薄く塗る。**2** の生地1枚を敷き、バターをはけで薄く塗る。生地1枚を重ね、バターを塗る、を繰り返す。生地の半分を積み重ねたら、ピスタチオを敷く。さらに生地を重ね、バターを塗る、を繰り返す。生地を重ね終わったら、表面にバターを塗る。

4. 16 等分に型の中で四角く切り分ける。残りのバターを隙間に注ぐ。

5. 160℃のオーブンで 60 分焼く。型に入れたまま常温まで冷ます。

6. シロップの材料を鍋に入れて中火にかけ、グラニュー糖が溶けたら、**5** にかける。半日ほど置き、シロップが十分に染みこんだら皿に盛り、シロップをかけて、飾りのピスタチオをのせる。

薄くのばす目安。生地から手が透けて見えるくらい。

memo

生地を一度にのばすスペースがないときは、生地を分けながらのばしてもＯＫ。生地が乾燥しやすいので、作業していない生地にはラップをかける。

REPUBLIC OF TURKEY

〜 トルコ 〜

Irmik Helvasi

イルミク・ヘルヴァス

トルコには独自のお菓子が数多くあり、これはセモリナ粉のケーキ。バニラとシナモンの香りともそもそとした食感がクセになるお菓子です。

[**材料**]（作りやすい分量）

バター……80g
セモリナ粉……230g
松の実……25g
グラニュー糖……200g
牛乳……200g
水……200g
バニラビーンズ（裂いたさやと種）……1/2本
レーズン……50g
シナモン（パウダー）……適量

[**作り方**]

1. 熱したフライパンにバターを溶かし、セモリナ粉、松の実を加え、弱火で30分炒める。焦げないように、木べらで混ぜ続ける。
2. グラニュー糖、牛乳、水、バニラビーンズを鍋に入れて沸騰させる。
3. **2**を**1**に少しずつ加えて混ぜる。弱火で5分ほど煮て火を止め、レーズンを加えて混ぜ、ふたをして10分蒸らす。油（分量外）を薄く塗ったプリン型やケーキ型、ボウルなど好きな型に詰め、皿にひっくり返してのせて型をはずし、シナモンをふる。

REPUBLIC OF TURKEY

〜 トルコ 〜

Kabak Tatlisi

カバク・タトルス

かぼちゃの水分だけで煮ると、こんなにもやさしい甘みと濃厚な味になるのかと驚きました。トルコではクルミとカイマックというクリームが定番。日本ではクロテッドクリームを使ってください。

［ **材料** ］（作りやすい分量）

かぼちゃ……1000g（約１個）
グラニュー糖……350g
クルミ（160℃のオーブンで８分焼いて刻む）……適量
クロテッドクリーム……適量

※かぼちゃはねっとりして、甘味が強い万次郎がおすすめ。
※グラニュー糖の量はかぼちゃの大きさや品種、好みで調整する。

［ **作り方** ］

1. かぼちゃの皮と種を取り、３㎝角に切る。グラニュー糖をふりかけて、一晩置く。
2. かぼちゃから出た水分ごと鍋に入れ、ふたをして柔らかくなるまで弱火で煮る。焦げそうなときは、少量の水を加える。
3. 常温まで冷めたら皿に盛り、クルミとクロテッドクリームをかける。

Sweets & Smiles

Asia

アジアの郷土菓子

キルギルからインドに入り、アジアへと僕の郷土菓子をめぐる旅も
だんだん日本へ近づいてきました。
ベトナムで一時帰国しましたが、１年後に再び出発。
中国、香港、台湾を経て日本へ帰国したのです。
アジアでは屋台で売られているお菓子を口にする機会がよくありました。
アジアのお菓子は日本人の僕にとって親しみやすいものが多かった気がします。

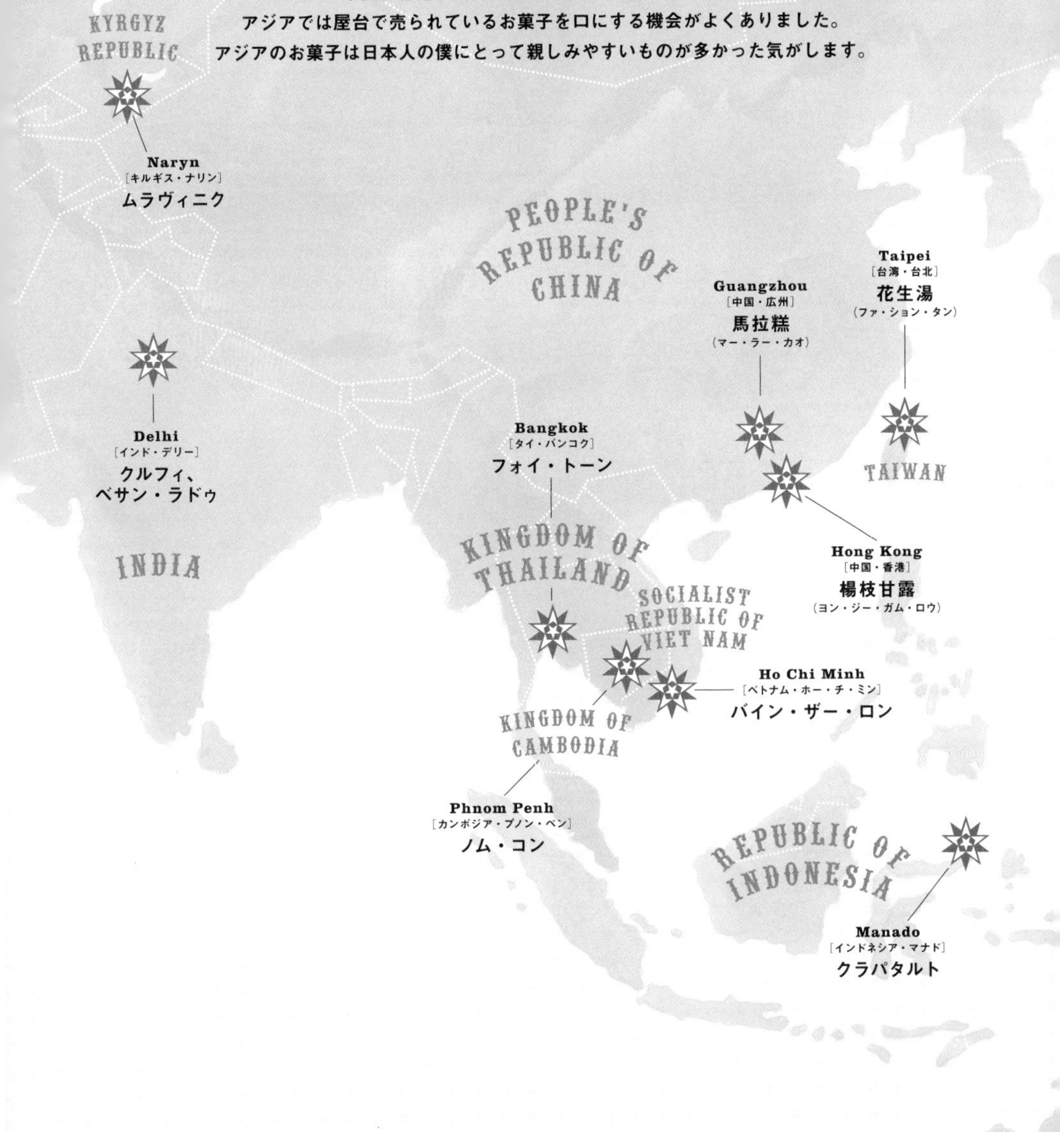

キルギス共和国 KYRGYZ REPUBLIC

Data

面積　19万8,500㎢
人口　600万人
首都　ビシュケク
言語　キルギス語（国語）、ロシア語（公用語）
主要産業　農業、畜産、鉱業

滞在期間
2013年7月5～31日

滞在登録のトラブルでキルギスまで飛行機で移動。到着し、空港で「自転車をインドに出発するまで預かってくれない？」と聞いたら、職員も苦笑い。「私の家で預かってあげるよ」と入国数時間でキルギス人の優しさをたっぷりいただくことができました。彼が招待してくれた田舎は奥さんの実家があるところ。山間部のNaryn（ナリン）という小さな町です。彼らはボズユという移動式の住居を山の一角に組立て、夏を過ごします。羊を1頭さばいてごちそうしてくれたり、キルギスの飲み物や料理を教わったり、貴重な体験もたくさんしました。モノや水を大切に扱い、食べ物もきっちり食べつくす姿が小気味よかったです。

THE PASTRY DIARY

2013/7/10

バルカン半島から中央アジアで親しまれている飲み物ボザはキルギスにもある。呼び名は「Bozo（ボゾ）」とちょっと変わる。できたてのボゾは軽い酸味でやさしい口当たり。原料はトウモロコシと粟。発酵に使う麦の配合で発酵度合いや酸味が調整できるとお母さんは教えてくれた。

2013/07/15

ボゾと並ぶキルギスのソウルドリンク「Jarma（ジャルマ）」の作り方を17歳の娘さんから教わった。粗く挽いた炒り麦を1時間ほどゆで、一晩発酵させる。発酵由来の酸味と炭酸、きな粉のような独特の香りがする。1回で10ℓも作るが、1週間ほどで飲み干してしまう。暑い夏には欠かせない飲み物だ。

2013/7/17

旧ソビエト圏には「Muraveynik（ムラヴィニク）」というアリの巣をモチーフにしたお菓子がある。サワークリーム入りのホロホロに焼いたクッキーの粒とレーズンを練乳で固めて作る。サクサクの食感に練乳の甘み、レーズンの酸味がクセになるお菓子だ。（レシピP90）

2013/7/21

「Çak-Çak（チャクチャク）」を教わった。テュルク系民族のタタール人のお菓子だったが、今は旧ソビエト圏で広く親しまれている。薄くのばした生地を油で揚げ、はちみつのシロップに浸して押し固めたもの。サクサクの生地とほんのり香るはちみつで手が止まらなくなる。

2013/7/28

今朝早く、家畜の市場に行ってきた。セリがあるのかと思ったら、売り主との交渉で決まるそう。米国ドルで換算すると、馬1頭約600ドル、羊1頭約50ドルが相場。

インド
INDIA

Data

面積　328万7,469㎢
人口　12億1,057万人
首都　ニューデリー
言語　ヒンディー語
主要産業　農業、工業、鉱業、IT産業

滞在期間
2013年8月1日〜10月29日

入国前からフリーダムなインドの洗礼をたっぷり受けました。ビザはなかなかとれないし、2ヶ月の予定で申請していたのに、勝手に3ヶ月有効にしてくれるし。まったくインドって、と思いながら入国してみると、極楽のような郷土菓子の天国です。食べ物だけでなく、生活も含めて僕の旅で一生、忘れられない場所になりました。

インド菓子は、州を越えれば見た目も味も大きく変わり、同じ国のお菓子なのかと思うほど。たとえば、北西のRajasthan（ラージャスターン）州に行けばミルクがたっぷり、南西のGoa（ゴア）州ではココナッツ、南のKerala（ケララ）州はフルーツを使います。また、豆を使うお菓子はインドのどこにでもあるのですが、日本の和菓子とは豆の種類も調理の仕方もまるっきり違っています。ワイルドでミルキー、油ぎっていて、とびっきり甘いのです。インド菓子はちょっと手を加えてやれば洗練された美女になるのに、それを嫌う根っからの自由人のよう。エネルギッシュなインド菓子のたくましさに、僕は身も心もたっぷりと魅了されたのです。

THE PASTRY DIARY

2013/8/06

インド菓子の始まりはDelhi（デリー）の「Glab Jamun（グラブ・ジャムン）」から。カッテージチーズが入った揚げ菓子で、たっぷりのサフラン・シロップに漬ける。シロップの鍋でゆらゆらと浮かぶ姿は気持ちよさそう。

お世話になった家で教えてもらった「Kheer（キール）」。カルダモン入りのライスプディング。ヨーロッパやバルカン半島などの国より甘さは控えめ。カルダモンがいい味。

2013/8/9

チャイアイス「Kulfi（クルフィ）」。赤い台車が冷蔵仕様になっていて、細い棒が筒状の金型に何本も刺さっている。その棒を抜くとクルフィが出てくる。卵を使わず、泡立てず、ミルクを煮詰めただけ。だから濃厚。サフランやカルダモン、ローズ、ピスタチオ、マンゴーなど、味もさまざま。（レシピP92）

2013/8/12

僕のナマステも少しずつだけど、順調に大きくなり、旅が終わる頃には良いナマステが収穫できるはず。インド菓子「Soan Papdi（ソーン・パプリ）」。美味！

雨季だけに作られる「Ghevar（ゲヴァル）」。円盤状の生地の上に「Malai（マライ）」という煮詰めたミルクの上澄みが塗られたりする。

2013/8/13

毎週火曜日に売られる「Besan Boondi（ベサン・ブンディ）」。ヒンドゥー教の神様ハヌマーンに

お供えするお菓子。ひよこ豆の粉を使った生地を小さな穴のあいたお玉からぽたぽたと高温の油に落とし、揚がったらシロップへとぽん。カリカリ揚げ玉のできあがり。

「Chhena Jalebi（チェーナ・ジャレビ）」。水牛のカッテージチーズを練りこんだ生地を揚げてシロップに浸した東インドOrissa（オリッサ）のお菓子。

2013/8/14

「Karachi Halwa（カラチ・ハルワ）」。プリっとした食感。カラチはパキスタンの地名。

インドのソウルフード、「Ladoo（ラドゥ）」。これはセモリナ粉とギーの甘いボール「Rava Ladoo（ラヴァ・ラドゥ）」。インドには全土にいろいろな種類のラドゥがある。（レシピP94）

コレ気に入った。「Besan Barfi（ベサン・バルフィ）」ヒヨコ豆の粉とギーとカルダモン。しっとりした落雁みたい。

2013/8/15

「Puran Poli（プラン・ポリ）」。これもお気に入りに登録。

2013/8/17

ガイドブッ子に勧められて行ってみたラッシー屋。かなりおいしかった。濃厚なヨーグルトにカルダモンがかなりきいてる。

2013/8/18

インドの菓子のベースとも言える「Mawa（マーヴァー）」を作る様子を見てきた。ミルクをひたすらかき混ぜながら煮詰めて煮詰め、ミルクの塊が現れたあたりで火からおろす。10kgのミルクから1kgしかとれない。

2013/8/31

体調が急に悪くなり友人の住むデリーに急きょ、飛行機で帰還。一瞬、マラリアかと焦ったけど、違ってよかった。

2013/9/7

体調もなんとか回復。Mumbai（ムンバイ）到着。デリーから列車に揺られること、16時間。海から吹く風が気持ちいい。南インド菓子編スタートだ。

2013/9/11

「Falooda(ファルーダ)」。ミルク、コア（ミルクを凝縮したもの）、ローズシロップ、セヴィヤン(セモリナ粉の細麺)、ドライフルーツ、タピオカ入り。味はローズ、サフラン、マンゴー、ピスタチオ等から選べる。乙女らしさをアピールできる逸品。

2013/9/15

ゴアのお菓子は、1961年までポルトガル領だった影響を受けている。十字の切り込みが入った「Baath Cake（バース・ケイク)」は、その典型。ゴアに入ってから、ココナッツ系のお菓子が増えた。

2013/9/16

カラフルなスライム「Modak（モダック)」。インドの神様ガネーシャに捧げるお菓子。9月はガネーシャのお祭りの時期なので、ムンバイのお菓子屋はモダックだらけだった。

2013/9/17

ジンジャー、ココナッツ、ジャグリー（サトウキビやヤシの粗糖）を使った「Panke（パンケ)」。

2013/9/19

「Sheera（シェラ)」。セモリナ粉、ミルク、サフラン、カルダモン、クローブ、バニラ、カシューナッツが入っている。こういうのもいい。

板焼きプリンを重ねた「Bebinca（ベビンカ)」。材料は小麦粉、砂糖、卵黄、ギー、ココナッツミルク。クリスマス、誕生日、イースターと、ゴアではこのお菓子で祝う。美味。

2013/9/21

ホットな「Maysore Pak（マイソール・パク)」。ベサン粉、砂糖、ギーがたっぷり。うまうま！

2013/9/22

「Chiroti(チロティ)」にアーモン

ドミルクとカルダモンを混ぜた「Badam Milk（バダム・ミルク）」をかけたもの。

2013/9/23

街角にある小さなお店にぎっしり積まれた「Mysore Pak（マイソール・パク）」。センスに脱帽。

2013/9/27

「Sohan Halwa（ソアン・ハルワ）」。カルダモンとサフランが入ったミルクキャンディー。歯ごたえがあっておいしい。ルーツはペルシャのお菓子。

「Halwa（ハルワ）」は、穀物やゴマ、野菜、果物に油脂と砂糖を加えたもちもちしたお菓子。お兄さんが持っているのはニンジンの「Gajar Ka Halwa（ガジャル・カ・ハルワ）」。ミルクとカルダモンが効いている。赤いのは「Bombay Halwa（ボンベイ・ハルワ）」。

2013/9/28

南インドKochi（コチ）のラドゥは南国味。黒ゴマ、デーツ、ピーナッツ、米粉、ココナッツが使われている。

2013/10/1

精製前のジャグリー、ココナッツ、カルダモンをもちもちの米粉で包み、バナナリーフにくるんで蒸した「Ada（アダ）」。バナナの葉の香りの染みた米に桜餅を思い出した。

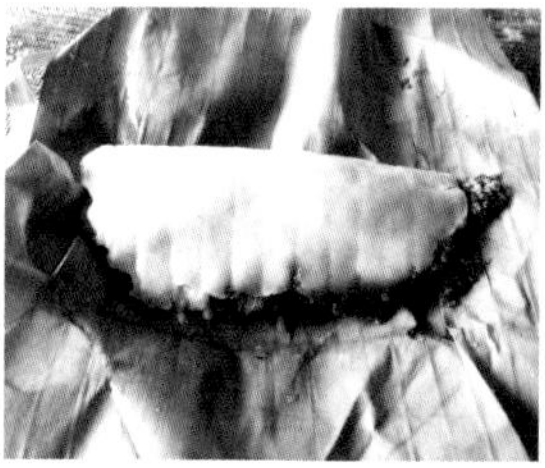

南っぽいお菓子を売っているのは、地域密着型のなんでも屋だけ。きれいなお菓子屋さんには、北インドのものばかりが並んでいる。

「Payasam（パヤサム）」。米粉の練り物アダを使ったお粥。ジャグリーが濃くて、燃えるような甘さ。ココナッツミルク、ココナッツ、カルダモンも入っている。

2013/10/3

これはヤシの粗糖のジャグリー。ブヒャアアア！強烈な香り。

2013/10/4

Trivandrum（トリヴァンドラム）到着 。このお菓子の生地は、Maida（マイダ）というインド独特の小麦粉とターメリック、フィリングにはココナッツと砂糖、フェンネルシードを使っている。

2013/10/6

南インドではチャイのほか、コーヒーも好まれる。スパイスのきいたマサラコーヒーがあるとウィキペディア先生がおっしゃっていたので、めぐってみた……。1軒も見つからなかった。先生の嘘つき。見つけたのはミルクたっぷりのインディアンコーヒー。グラスの半分以上がミルク。コーヒーとミルク、砂糖を2つのカップを使って写真のように混ぜ合わせる。ミルキーなあわあわコーヒーのできあがり。やさしいお味。

2013/10/7

Chennai（チェンナイ）到着。バスか、どこかの椅子の肘掛けに存在していたノミかダニに両腕をやられた。かゆいし、見苦しい。

「THE PASTRY TIMES」を読ませた。インド滞在もあと1ヶ月。広大なインドは街が変わるたびに眺めも人も食べ物も変わる。南インドは居心地がよかった。さて、東海岸経由で北上しよう。来月からまた自転車の旅が始まる。

「Jil Jil Jigarthanda（ジル・ジル・ジガルタンダ）」という飲み物。名前が気に入った。マライアイスクリーム、Badam Pisin（バーダム・ピシン / アーモンドの乳液ゼリー）、生薬や漢方薬にも使われるサルサパリラのシロップが使われている。ミルクの甘みがやさしい。今日のMadurai（マドゥライ）の気温は36℃もあったので、冷たいジル・ジル・ジガルタンダを食べている時は本当に幸せだった。

2013/10/16

お米屋さん。南インドでは主に米を、北インドではナン、チャパティを食べる。南インドには米を使ったお菓子も多い。米を使った麺も。お米の国で育った僕にはうれしい限り。でも、さすがに最近カレーな日々に飽きてきた。

2013/10/18

先週の話。NHKの「グレーテルのかまど」という番組にSkype経由で出演。世界のハルヴァについてまじめに話した。

2016/10/19

「Putarekulu（プタレクル）」。ギーとジャグリーの濃厚なお菓子。

ラドゥはベサン粉（ひよこ豆の粉）をギーで色が変わるまでじっくりと炒め、砂糖と合わせて丸める。店頭のラドゥはキレイに丸めてあるけど、手作りだから、やっぱりちょっと不揃い。日本の和菓子屋さんに並ぶぼた餅みたいで親近感がある。

2013/10/27

カッテージチーズとサフラン風味のクリームを挟んで揚げたお菓子。うまうま！

「Sita Bhoug（シタ・ボゥグ）」は、米粉とカッテージチーズを使った甘い麺。

「Chhena Cake（チェーナー・ケイク）」。カッテージチーズのケーキ。ど田舎のお菓子屋で発見。ミルクの香りがやさしく、力強い。

「Mishti doi（ミスティ・ドイ）」。甘いヨーグルトのお菓子で9時間じっくり焼いて作られる。

「Rabri（ラブリ）」の匠。ミルクの膜を集め、その後ミルクと合わせる。すごい地道な作業の結晶。

2013/10/28

結局、Hyderabad（ハイデラバード）からKolkala（コルカタ）までの電車は31時間かかった。でも、ホームでこんなお出迎えされたらぶっ飛ぶ。彼らは僕を泊めてくれたホスト。

2013/10/29

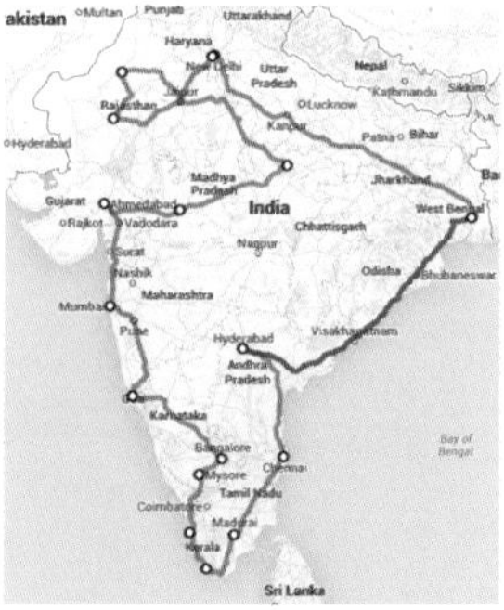

とうとうインドの旅が終わった。3ヶ月の滞在だったけど、それ以上に長く感じた。体調はよくなかったものの、お菓子の収集はかなりできたのでよし。人の印象も一部を除けば、ひじょうによかった。とはいえ、インドへは20年くらい先まで来ることはないだろう、たぶん。

タイ王国
KINGDOM OF THAILAND

Data

面積　51万4000㎢
人口　約6593万人
首都　バンコク
言語　タイ語
主要産業　農業、製造

滞在期間
2013年10月31日～11月19日

タイの街は清潔だし、人はおだやかでよく笑います。外国のレストランやバーもあり、日本文化も驚くほどある。なによりもタイ料理がおいしい。お菓子も今までになかったタイプが山のようにあって、日に日にタイ愛が高まってしまいました。

THE PASTRY DIARY
2013/11/1

タイの氷菓子「Ruam Mit（ルア

ン・ミ)」。甘い煮豆やゼリー、ナタデココ、芋など14種類の具から5種類選んで、東南アジアの香り漂うシロップをかける。書いてもらったノートがタイ語で書かれているので、解読に難航中。

2013/11/3

「Roti(ロティ)」。バナナ入り。ふかほか。練乳をかけて。

2013/11/6

「Luk Chup(ルーク・チュップ)」。豆とココナッツミルクの餡で作るタイの伝統菓子。寒天でコーティングされている。カラフルなのは、花や果物、葉など、植物由来の着色剤を筆で塗っているから。中は真っ白。

「Foi Thong(フォイ・トーン)」。黄身をシロップに垂らしてゆでたもの。アユタヤ王朝時代の宮廷菓子の一つ。タイ菓子って上品だわ。(レシピP96)

2013/11/18

今日はタイのお祭り「ローイクラトン」。灯篭流しがあり、花火が上がり、屋台が並んで日本の縁日を思い出す風景。カラフルなお菓子が無料で配られていた。

C カンボジア王国 KINGDOM OF CAMBODIA

Data

面積 18万1000㎢
人口 約1470万人
首都 プノンペン
言語 カンボジア語
主要産業 農業、工業、サービス業

滞在期間
2013年11月19日〜12月6日

タイからカンボジアの間は、今まで通った陸路の国境の中でも一番、ゴージャスでした。カジノやきれいなカフェ、レストランなんかも揃っています。朝の市場近くの喧噪もアジアらしく、秩序があるようでないようで。ピンクの寝間着姿の女性がバイクに乗って通勤する風景も現地では当たり前のよう。けっこうな数を見かけました。

THE PASTRY DIARY

2013/11/20

バナナとタピオカのココナッツミルク汁粉。ゴマがたっぷりふりかけてある。お汁粉の種類もいろいろあった。

2013/12/2

「ノム・ポンディア」。アヒルの卵から作る焼き菓子。ふんわり、アヒルの卵の香り。上下に炭火を積んで焼く。いい光景。

カンボジアの揚げ菓子四天王。通称「もっちり」。とくに手前のもち米のドーナツ「Noum Kong（ノム・コン）」は、ゴマが香るキャラメルがかけてあって、もっちりしながら、皮はクランチ。（レシピ P98）

本日、誕生日。泊めてもらっているホストファミリーからのサプライズ！涙。こんな素敵なバースデーケーキって実家に住んでいた以来だなとしみじみ。

2013/12/4

「ラパウ・ソンクチャー」。くりぬいたカボチャの中にココナッツプリンを入れて蒸した人気のデザート。氷と練乳をかけて出してくれた。

ベトナム社会主義共和国

SOCIALIST REPUBLIC OF VIET NAM

Data

面積　32万9241㎢
人口　約9270万人
首都　ハノイ
言語　ベトナム語
主要産業　農業水産、鉱業、工業

滞在期間
2013年12月7日〜2014年2月16日
2015年4月30日〜6月30日

旅を始める前、僕はいろいろなメディアにメールを送り、応援を依頼しました。でも、ナシのつぶて。それが旅を続けるうちに口コミやＳＮＳで注目されるようになり、「THE PASTRY TIMES」の購読サポーターさんが増えたり、イベントや本の出版のお誘いを受けるようになったのです。とてもうれしかったのですが、一方で僕は帰国後を考えるようにもなりました。郷土菓子を知りたい一心で始めた旅でしたが、日本の人たちに世界の郷土菓子をきちんと伝えるにはどうしたらいいのか、味だけでなく、体験も伝えるにはどんな方法があるのか、自分の使命を考えるようになったのです。また、日本以外の国でも郷土菓子の魅力を伝えてみたいという夢もふくらむようになりました。ベトナムにいた約２ヶ月の間、そして一時帰国を経て再び旅に戻ったときも、ベトナムは僕にとって将来を考えるターニングポイントの国にもなったのです。

THE PASTRY DIARY

2013/12/16

「Bánh Oản（バイン・ワン）」。白い部分は米粉を固めたような生地。豆、ゴマ、ココナッツのフィリングがサンドされている。

2013/12/21

南ベトナムの「Bánh Da Lợn（バイン・ザー・ロン）」。このお菓子は中部から北部では見かけない。似たお菓子があるタイやカンボジアは、白い部分がココナッツミルク。ベトナムは緑豆のペースト。（レシピ P102）

2013/12/27

「Chuội Nướng（チュオイ・ヌオン）」。もち米でバナナを巻き、バナナの葉でくるんで炭火で焼く。焼き上がったらココナッツミルクとタピオカクリームをトッピング。意外な組み合わせだけど、もっちり甘くておいしい。

2014/1/18

先日、ベトナムのチョコレート「MAROU」の工場を見学した。今日は農園を見せてもらう。フランス人のオーナーは超気さく。

2015/5/23

「Bánh tổ（バイン・トー）」。Hội An（ホイ・アン）のある Tinh Tỉnh Quảng Nam（クアン・ナム）省の郷土菓子。Đà Nẵng（ダ・ナン）にもある。もち米生地をバナナの葉の器に流し込み、蒸したもの。旧正月テトの定番菓子だけど、いつでも買えるよう。

2015/5/29

「Cu Đơ（クー・ドー）」。ベトナム北部の町、Hà Tĩnh（ハ・ティン）の郷土菓子。ピーナッツをからめたキリッとショウガのきいたキャラメルをパリパリに焼いた米粉の生地でサンド。美味！

インドネシア共和国
REPUBLIC OF INDONESIA

Data

面積　189万㎢
人口　約2億5500万人
首都　ジャカルタ
言語　インドネシア語
主要産業　製造、農業、サービス業、建設、運輸、通信、金融等

滞在期間
2015年3月31日～4月29日

再び旅立ち、まず到着したのがインドネシアです。2度目の旅は、日本からの手厚いサポートを受けての出発でした。旅の間、僕の宿泊先は地元の民家。好意で泊めてくださっているホストファミリーへ、お礼代わりになればとお団子やどら焼きなどの和菓子を作ったりしていました。

それが2度目の旅では14の手ぬぐい作家さんと企業さんが約150本の手ぬぐいをお礼の品にと協賛してくれたのです。他にも羊羹や扇子など、素敵なものを大勢の方が寄付してくれました。

お菓子を食べると人は幸せな気持ちになります。僕はそんな幸せな気持ちを運ぶ架け橋の役目も担うことにもなったのです。

THE PASTRY DIARY

2015/4/1

「Sekoteng（スコタン）」。ショウガがたっぷりきいた黒糖シロップにパン、ココナッツ、ピーナッツ、緑豆、Pacar Cina（パーチャー・チナ）と呼ばれる赤く着色された弾力のあるせん切りゼリー、野菜を混ぜたもの。初めてのインドネシア郷土菓子。おいしい。

2015/4/2

「Es Campur（エス・チャンプー）」というかき氷。リュウガン、パイナップル、アボカド、レーズンなんかが入っている。発酵させた黒米が入っているものもあり、かなり酸っぱい。その酸味とココナッツミルクの甘いシロップの組み合わせがおもしろい。ムスリムのラマダンの間、夕食に食べる人気のデザート。ラマダン以外の時期もレストランなどで食べられる。

2015/4/7

インドネシア郷土菓子の大集合。

2015/4/12

インドネシア第2の都市Surabaya（スラバヤ）の隣町、Sidoarjo（シドアルジョ）の郷土菓子「Kue Lumpur（クエ・ルンプル）」。餡が入っていない今川焼

きのよう。ジャガイモを混ぜた生地がもっちもち。

2015/4/13

スラバヤのご家族には3日間、つきっきりでインドネシアの食や歴史などを教えてもらいました。アゼルバイジャンで知り合ったインドネシア人もそうでしたが、皆、穏やかで親切でよく笑う。手ぬぐいと羊羹をプレゼント。

2015/4/18

うまっ！米粉、ココナッツミルク、パームシュガーなどを混ぜた生地をココナッツオイルで揚げる。カンボジアにも似たお菓子があった。アジアの食文化も地続き。

C 中華人民共和国 PEOPLE'S REPUBLIC OF CHINA

Data

面積　960万㎢
人口　約13億7600万人
首都　北京
言語　中国語
主要産業　第1次〜第3次産業

滞在期間
2015年6月30日〜12月22日

＊中国を拠点に香港、マカオ、韓国、台湾も旅行。

いよいよ最後の国、中国に入りました。ゴールも目前ですが、広東省から雲南省、香港、マカオ、台湾と各地を回りました。そして、ちょっと足をのばして韓国にも。アジアはヨーロッパや中東、インドと違って町を歩かないと菓子店が見つけられません。専門店でしか売らない餅があったり、売り歩いていたりするからです。僕も最後の最後まで足の向くまま、あちこちをめぐることになりました。

THE PASTRY DIARY

2015/7/5
中国・南寧

「芒果班戟（モンゴーパーンケ）」。マンゴーのパンケーキ。ザクザクッ。ぶはぁああああああ！うまい！

2015/7/14
中国・広東省

「飄香桂花糕（ピャオシャングイホワガオ）」。中に浮遊するのはキンモクセイ。とてもいい香りだった。

2015/7/25
中国・香港

「芒果糯米巻(モンゴーノウミィジェン)」。薄い餅にフレッシュマンゴーを使ったやわらかいお菓子。ココナッツをまぶしてあって美味。

2015/7/28
中国・長沙

昨日の食事。お菓子しか食べなかった。ガンバレ、胃！

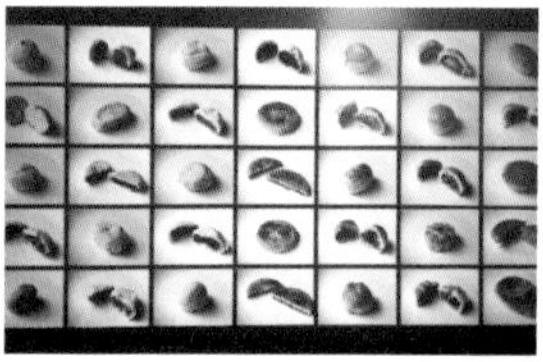

2015/8/8

中国・成都

「玫瑰小汤圆（メイグイシャオタンユエン）」。バラの香りに小さいお団子が浮いている。甘酒とレモン、梨も。やさしい甘さでほっ。

2015/9/7

中国・西安

これまで食べた中国菓子の中では断トツでおいしかった西安の老舗「徳懋恭（ダーマオゴン）」の水晶餅。パイの中はクルミ餡、ドライフルーツ。バラの香りがして、ガリッと氷砂糖の塊が隠れている。中国菓子には珍しくかなり甘い。

2015/9/10

中国・西安

西安のショウガ飴作り。迫力！

中国・西安

「桂花糕」はパッと見るとカステラのような焼き菓子っぽいけど、上の焼き目のような茶色い影はデーツ。中の黄色い部分はキンモクセイの香りのもち米が詰まっている。西安の回族街にて。

2015/10/13

韓国・ソウル

韓国に立ち寄り、伝統菓子「薬菓（ヤックァ）」の作り方を習った。

2015/12/10

台湾・台北

念願の台湾にも上陸し、食に追われる日々。〜四柱推命の食神がついているらしい。鹿港鎮にある、せん切り大根と緑豆あんのパイ「彩頭酥（シャイトウスー）」の工房。腰のコルセットが泣ける。

夜市を散歩中、見つけた湯気モクモクの花生湯専門店。メニューは1つだけ。とろとろの落花生がスープに染み出しとてもいい。油条という揚げパンを浸すともちもちに。大正解！（レシピ P108）

REACHED THE GOAL

2015/12/22

中国・上海

ついに上海に到着しました！2012年6月、フランスから始まった自転車の旅が3年半という年月をかけて、とうとう終幕の時をむかえました。僕の郷土菓子研究の旅は予告通りに進むことはまれでした。ルートもとくに決めず、東を目指し、お金もなく、夕方には民家をノックをして宿を探し、好奇心のおもむくままに進む、そんな旅でした。無事に上海までたどり着いたことに僕自身が驚いています。旅先でのエピソードは書ききれないほどたくさんありますが、事件にあった時、病気をした時、険しい道のりの中、どんな時も日本からの応援がありました。スポンサーとして御支援して下さった方々を始め、SNSでコメントやメッセージを下さった方々、心から感謝いたします。1人ではできない貴重な体験をさせていただきました。これから、ユーラシア大陸の郷土菓子を武器に恩返ししていこうと思っています。

KYRGYZ REPUBLIC

～ キルギス ～

Muraveynik

ムラヴィニク

和菓子のおこしにも似たムラヴィニクのモチーフは、なんとアリの巣。歯ごたえのあるレーズン入りクッキー生地をコンデンスミルクのやさしい甘みが包み、どことなく懐かしさも感じるお菓子です。

[**材料**]（10㎝のボウル1個分）

コンデンスミルク（加糖練乳）
……1缶
バター（常温に戻す）……40g
グラニュー糖……50g
バニラビーンズ（種のみ）
……1/4 本分
卵……25g
牛乳……30g
薄力粉……225g
重曹……少々
レーズン……10g

[**作り方**]

1. コンデンスミルクを缶のまま、鍋に湯煎した状態で 90 分、弱火で温める。鍋から取り出し、常温まで冷ます。

2. バター、グラニュー糖、バニラビーンズをボウルに入れて、泡立て器で白っぽくなるまで混ぜる。卵、牛乳を順に加え、その都度、よく混ぜる。

3. 薄力粉と重曹を合わせてふるい、ボウルに加えて混ぜる。レーズンも加え、粉っぽさがなくなるまで混ぜる。冷蔵庫で 1 時間寝かせる。

4. 挽き肉器で **3** を挽き、ぼそぼそした状態の生地を天板に並べる。挽き肉器がないときは、手で小さくちぎる。

5. 170℃のオーブンで 15 ～ 20 分、うっすらと焼き色がつくまで焼く。

6. オーブンから取り出してボウルに移し、すぐにコンデンスミルク 1/2 缶量を加えて混ぜ合わせる。

7. 別のボウルにクッキングシートを敷いて生地を隙間なく、きっちり詰める。常温まで下がり、しっかりと固まればできあがり。

memo

コンデンスミルクの缶を開けるのは十分に冷めてから。熱い状態で開けると中身が飛び出し、やけどをすることがあるので注意する。

INDIA

～インド～

Kulfi

クルフィ

スパイスの香りとピスタチオの香ばしさがミルクと溶け合い、濃厚なのにシャリっとした清涼感を口の中に広げてくれるチャイアイスです。インドでは真っ赤な台車のクルフィ売りをよく見かけました。

［ **材料** ］（直径５×高さ7㎝のクルフィ型 20 個分）

牛乳（乳脂肪分４％以上の高脂肪タイプ）……２ ℓ
カルダモン（殻を割り、種を取り出す）……７個分
サフラン……小さじ 1/2
グラニュー糖……275g
スーパーグリーンピスタチオ（細かく刻む）……適量
アーモンド（細かく刻む）……適量

［ **作り方** ］

1. 牛乳、カルダモンの殻と種、サフランを鍋に入れ、弱めの中火で１ ℓ に量が減るまで、焦がさないように混ぜながら煮詰める。

2. ザルでこしながらボウルに入れる。鍋に戻してグラニュー糖を加え、火にかけて溶かす。再びボウルに戻し、ボウルごと氷を入れたボウルに重ねて冷やす。

3. 常温まで冷えたら、好みの量のピスタチオとアーモンドを加えて混ぜ、クルフィ型に注ぎ入れる。

4. 冷凍庫で凍らせる。

クルフィ型はインド食材店などで手に入る。手に入らないときは、アルミ製のプリン型などを使う。

memo

冷やすときに割り箸などを刺して棒アイスにすると、さらに現地風に。

INDIA

~ インド ~

Besan Ladoo

ベサン・ラドゥ

インドにはひよこ豆を粉状にしたベサン粉などをギーで炒めて丸めたお菓子「ラドゥ」が数多くあり、結婚式やヒンドゥー教の行事には欠かせません。これは僕が食べた中でもベーシックなタイプです。

[**材料**]（作りやすい量）

ベサン粉……500g
ギー……350g
粉糖……500g
カルダモン（パウダー）……10g
カシューナッツ（細かく刻む）……100g
レーズン（粗く刻む）……50g

[**作り方**]

1. 熱した深めのフライパンにギーを入れて溶かし、ベサン粉を加えて混ぜる。弱火で25～30分、焦がさないように炒める。

2. **1**、粉糖、カルダモン、カシューナッツ、レーズンをボウルに入れて木べらなどで混ぜ合わせる。手で触れるくらいまで冷めたら、ひとかたまりになるまで手で混ぜ合わせる。

3. 25gずつ分けて丸める。冷えて固まったらできあがり。

ベサン粉はひよこ豆を挽いた粉。ベサン粉やギーはインド食材店、ネット通販などで手に入る。

ギーは水牛の乳を使ったバターオイル。写真はアムール社のピュアギー。ギーの中でも香りや味がくどくないので、ぜひこれを使って。

memo

ラドゥはヒンドゥー教の神様ガネーシャの好物。ガネーシャの絵にはラドゥも一緒に描かれていることが多い。

KINGDOM OF THAILAND

〜 タイ 〜

Foi Thong

フォイ・トーン

ポルトガルが発祥の卵黄を使ったお菓子。タイにはアユタヤ朝時代に伝わりました。日本の「鶏卵そうめん」と似ていますが、ジャスミンの香りをつけるのがタイ流。お祝いごとに欠かせないお菓子です。

［ **材料** ］（作りやすい量）

卵黄……５個分
グラニュー糖
……1000g
水……400g
ジャスミンエッセンス……５滴

直径１㎜の糸口金をつけた絞り袋

［ **作り方** ］

1. 卵黄をよく混ぜ、目の細かい茶こしでこす。

2. 水、グラニュー糖、ジャスミンエッセンスを大きめのフライパンに入れ、110℃になるまで加熱する。卵黄を流し入れる間、110℃をキープする。

3. 絞り袋に卵黄を詰め、糸を垂らすように**2**のフライパンの外側から内側に向かって渦を描きながら卵黄を絞り出す。30秒ほど煮て固める。卵黄そうめんがくっつきそうなところは、箸１本を使って静かに離す。

4. 卵黄そうめんの中央を下から箸ですくい、帯状にする。箸を持ち上げ、しゃぶしゃぶのように2、3回、形を整えながらシロップにくぐらせ、バットの上に静かに置く。

5. 箸を使って卵黄そうめんの片端を丸め、器に盛る。

食用のジャスミンエッセンス。香りの強さは好みで加減を。

ふつふつと煮立っていないと、卵黄がくっつきやすくなる。写真はオーブンシートで作ったコルネで絞り出している。

memo

絞り袋の代用にオーブンシートで作ったコルネでもよい。卵黄を入れ、１㎜の穴になるように先端をハサミで切る。

KINGDOM OF CAMBODIA

〜 カンボジア 〜

Noum Kong

ノム・コン

もっちもちの食感が幸せを呼ぶ、もち粉のドーナツ。表面をコーティングするのは黒糖キャラメルと香ばしいゴマ。サイズは小さくても満足感は十分。僕にはカンボジア揚げ菓子四天王の一つです。

［ 材料 ］（直径10㎝のドーナツ6個分）

生地

- もち粉……80g
- ココナッツミルク……75g
- パームシュガー……15g
- 重曹……5g
- 塩……少々

キャラメル

- パームシュガー……75g
- 黒糖……35g
- 水……30g

白炒りゴマ（から炒りする）……適量

揚げ油……適量

［ 作り方 ］

1. 生地の材料をボウルに入れ、手でよく練り合わせる。6等分し、1個分の生地を丸め、真ん中に穴をあけ、両手の人差し指を入れてくるくると回し、直径10㎝のリング状に成形する。

2. 160〜170℃の揚げ油で片面3〜4分ずつ、きつね色になるまで揚げる。

3. キャラメルの材料を鍋に入れて混ぜ、120℃になるまで煮詰める。

4. **2**のドーナツを手で持ち、片面を**3**のキャラメルにつけてコーティングする。白炒りゴマを散らす。

パームシュガーはヤシ類の樹液などから採れる砂糖。カンボジアの特産品でもある。

memo

白ゴマの香りを出すために、必ずから炒りをする。

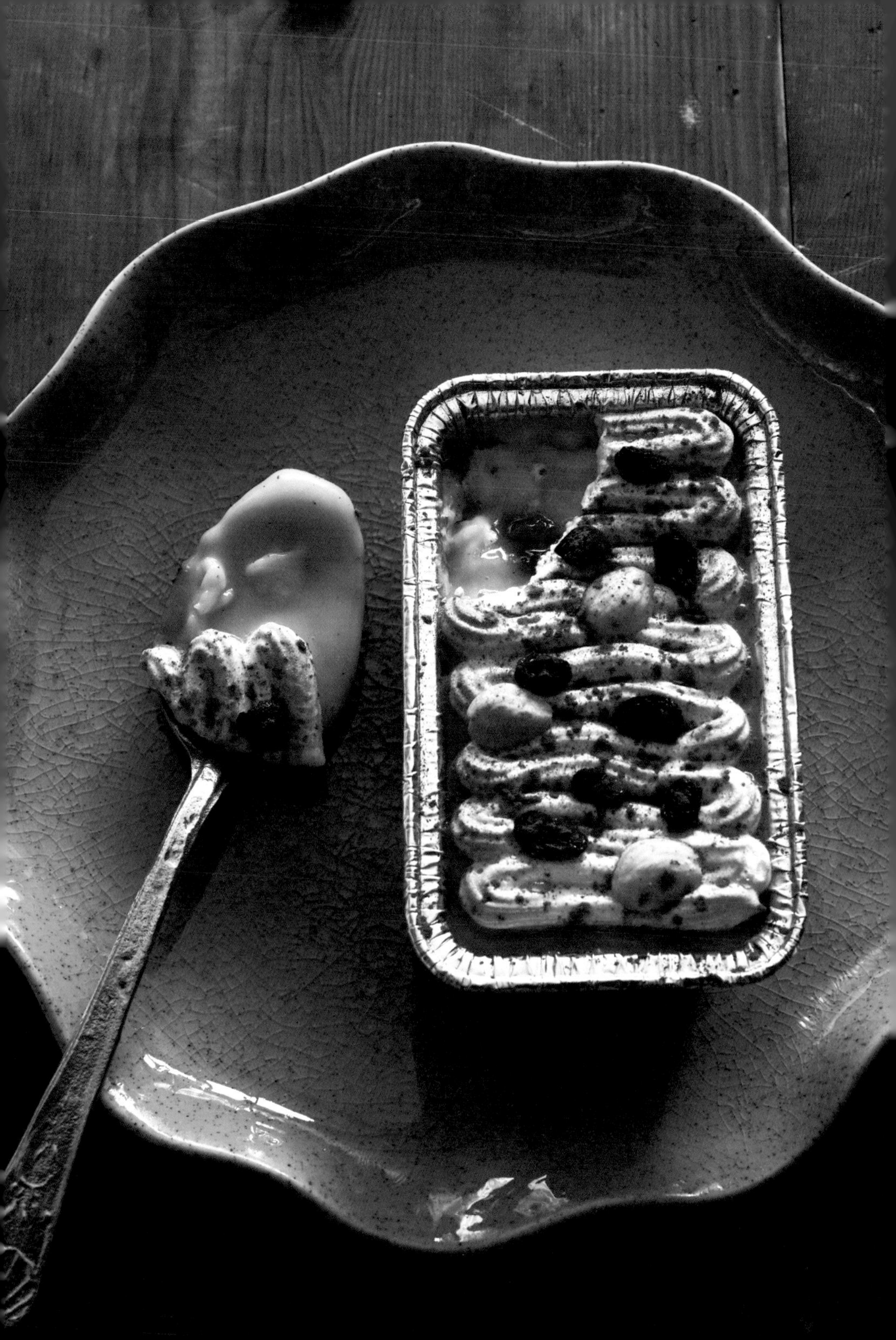

REPUBLIC OF INDONESIA

～ インドネシア ～

Klapertart

クラパタルト

ココナッツの果肉とレーズンを混ぜた南国風カスタードクリームの上にメレンゲをたっぷりのせてオーブンで焼いたスラウェシ島の郷土菓子。甘さの中にラム酒がきいた大人の味です。

［ **材料** ］（縦112×横64×深さ38㎜のアルミパウンド型2個分）

カスタードクリーム

ヤングココナッツ……1個
薄力粉……50g
バター……40g
グラニュー糖……20g
塩……ひとつまみ
卵黄……2個分
バニラビーンズ（裂いたさやと種）
……1/2本分
シナモンパウダー……小さじ1/2
ラム酒……10g
レーズン……10g

メレンゲ

グラニュー糖……20g
卵白……30g

《 **飾り用** 》

アーモンド、レーズン、
シナモンパウダー……各適量

※アーモンドはスペイン産マルコナアーモンドがおすすめ。

［ **作り方** ］

1. 生のココナッツを包丁で割り、果汁（ココナッツウォーター）200gをとる。果肉をスプーンで一口大にくりぬき、1/2個分とる。

2. カスタードクリームの薄力粉、バター、グラニュー糖、塩、卵黄、果汁、バニラビーンズ、シナモンを鍋に入れて混ぜ、中火でかき混ぜながら煮る。とろりとしたクリーム状になったら火を止め、ラム酒を加える。

3. **2**に**1**のココナッツとレーズンを混ぜ、アルミパウンド型に流し入れる。

4. 卵白とグラニュー糖をボウルに入れ、角が立つくらいまで泡立ててメレンゲを作る。

5. **3**の上にメレンゲをのせ、アーモンド、レーズンをのせてシナモンをふり、180℃のオーブンで10分焼く。

生のヤングココナッツはアジア食材店やネット通販などで手に入る。

ココナッツは皮を包丁でむき、内側の固い殻を包丁の背でたたいて割って果肉を取り出す。

SOCIALIST REPUBLIC OF VIET NAM

～ ベトナム ～

Bánh Da Lợn

バイン・ザー・ロン

２種類の餅生地を重ねた翡翠のような美しいお菓子。でも、ベトナム語では「豚皮のケーキ」という身もふたもない名前。パンダンリーフの香りに包まれ、ういろうにも似たもっちりした歯ごたえです。

［ **材料** ］（15㎝角の流し缶1台分）

パンダンリーフ（細かく刻む）……３枚
水……150g
皮むき緑豆……100g
タピオカスターチ……150g
米粉……50g
グラニュー糖……270g
塩……少々
ココナッツミルク……270g

［ **作り方** ］

1. パンダンリーフと水150gを鍋に入れ、中火で3分煮出す。

2. 緑豆とたっぷりの水（分量外）を鍋に入れ、柔らかくなるまで中火で煮て、豆と煮汁に分ける。

3. **1**、**2**をそれぞれフードプロセッサーかミキサーでペースト状にする。回りにくければ、少しずつ煮汁を加える。どちらも常温まで冷ます。

4. タピオカスターチ、米粉、グラニュー糖、塩、ココナッツミルクを別のボウルに入れ、泡立て器でよく混ぜる。

5. **4**の310gを**2**の緑豆ペースト100gと混ぜ、こし器でこす。残った**4**を**1**のパンダンリーフ液100gと混ぜ、ガーゼでこす。

6. 油（分量外）を薄く塗った流し缶にパンダンリーフ生地120gを流し入れ、蒸気の上がった蒸し器で8～10分、表面がしっかり固まるまで蒸す。固まらなければ蒸し時間をのばす。緑豆ペースト生地120gを流し缶に流し入れ、同様に蒸す。パンダンリーフ生地、緑豆ペースト生地を交互に流し入れて蒸し、層を作る。

7. 常温まで冷まし、固まったら正方形に切り分ける。冷えすぎると固くなるので、冷蔵庫には入れない。

パンダンリーフは甘い香りのアジアのハーブ。お菓子やごはんなどの香りづけに使われる。アジア食材店やネット通販で入手可能。

皮むき緑豆はデンプン質が多く、ほくほくした食感が特徴。アジア食材店やネット通販で入手可能。カレーやスープに入れてもおいしい。

PEOPLE'S REPUBLIC OF CHINA

〜 中国 〜

Ma Lai Gao

馬拉糕（マー・ラー・カオ）

日本でもおやつとしてすっかりおなじみの中華風蒸しカステラ。「マーラー」はマレーシアのこと。マレーシアから伝わったとも、できあがりがマレー人の肌色に似ていたから、など諸説あります。

［ **材料** ］（直径15㎝の丸型1個分）

卵……55g
卵黄……15g
上白糖……55g
エバミルク（無糖練乳）
……105g
薄力粉……70g
コーンスターチ……20g
ベーキングパウダー……7g
太白ゴマ油……30g

《 **準備** 》
15㎝の丸型の側面と底面に、切ったオーブンシートを敷く。

［ **作り方** ］

1. 卵、卵黄、上白糖をボウルに入れ、しっかり泡立てる。エバミルクを少しずつ加え、混ぜ合わせる。

2. 薄力粉、コーンスターチ、ベーキングパウダーを合わせてふるい入れ、ゴムべらでさっくり混ぜる。粉っぽさがなくなったら、ゴマ油を加え、やさしく混ぜる。

3. 型に生地を流し入れ、常温で1時間休ませる。

4. 蒸気の上がった蒸し器で20分蒸す。

HONG KONG

〜 香港 〜

Yang Zhi Gan Lu

楊枝甘露（ヨン・ジー・ガム・ロウ）

とろっとろのマンゴークリームに柑橘類のポメロとタピオカを混ぜたトロピカルなデザート。広東料理店「利苑酒家」が考案し、香港で大ブレイクしました。マンゴー好きにはたまらない一品です。

［ **材料** ］（10㎝のボウル２個分）

マンゴー……１個
ココナッツミルク……30g
コンデンスミルク（加糖練乳）……40g
ポメロ（またはグレープフルーツ）……１/４個
タピオカ（小粒のもの）……20g

［ **作り方** ］

1. タピオカを芯が少し残るくらいの固さにゆで、水に漬ける。ポメロは皮をむいてふさから出し、果肉を細かくほぐす。

2. マンゴーを縦３枚に切り分け、種と皮を取り除く。果肉140gをミキサーにかけ、ココナッツミルク、コンデンスミルクを加えて、さらに攪拌してなめらかにする。タピオカを混ぜる。

3. **2**を器に入れ、ポメロ、さいの目に切ったマンゴーをのせる。

memo

日本ではポメロが手に入りにくいのでグレープフルーツを使うと簡単。ピンクと普通のグレープフルーツ、グレープフルーツとスウィーティなど、２種類の柑橘類を使うとおいしい。

TAIWAN

～ 台湾 ～

Hua Sheng Tang

花生湯（ファ・ション・タン）

ピーナッツをたっぷり使ったやさしい甘さのホットデザート。薬膳でピーナッツは体力の回復や老化防止に欠かせない豆類と言われます。舌の上で実が崩れるくらいまでことこと煮込むのがコツ。

［ **材料** ］（作りやすい量）

ピーナッツ……200g
塩……少々
氷砂糖……80g

［ **作り方** ］

1. ピーナッツの薄皮をむく。湯通しするとむきやすくなる。一晩､水（分量外）に漬ける。

2. ピーナッツ、塩、たっぷりの湯（分量外）を鍋に入れ、ピーナッツがくたくたに柔らかくなるまでゆでる。水分が足りなくなったらお湯を足す。

3. 柔らかくなったら、氷砂糖を加えて煮溶かす。

memo

ピーナッツは、煮崩れやすいので混ぜすぎない。甘みは好みで加減を。

郷土菓子作りに使う材料

特殊な材料は各レシピに掲載していますが、
スパイスなど、郷土菓子作りに欠かせないものを紹介します。

ANISE

アニスシード

独特の甘い香りが特徴。本書では、P22「ベラヴェッカ」で少量を加えて、風味づけに。

ALLSPICE

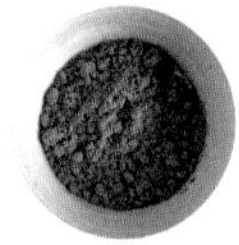

オール スパイス

シナモンとクローブ、ナツメグの3種の香りを持つ。P22「ベラヴェッカ」で使用。

CARDAMOM

カルダモン

エキゾチックで強い香りを持つ。P68「シェチェルブラ」、P92「クルフィ」、P94「ベサン・ラドゥ」に使用。

CLOVES

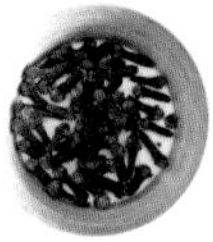

クローブ

強い甘さと刺激的な風味。P22「ベラヴェッカ」、P24「ブッチェッラート」、P53「モルコヴニツェ」で使用。

SAFFRON

サフラン

独特のエキゾチックな香りと黄色の色付けが特徴の高価なスパイス。P92「クルフィ」で使用。

CINNAMON

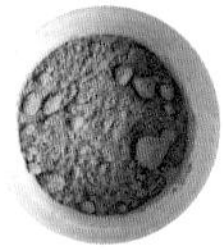

シナモン パウダー

香り高いスパイス。P18「クレマ・カタラナ」、P24「ブッチェッラート」、P52「モルコヴニツェ」、P74「イルミク・ヘルヴァス」、P100「クラパタルト」で使用。

STAR ANISE

スターアニス

八角とも呼ばれ、お菓子のほか、中華料理にも用いられる。P22「ベラヴェッカ」で使用。

NUTMEG

ナツメグ

スパイシーで、やや甘い香りが楽しめる。P22「ベラヴェッカ」で使用。

SUPER GREEN PISTACHIO

スーパーグリーン ピスタチオ

皮をむいた、色鮮やかなピスタチオ。P72「バクラヴァ」、P92「クルフィ」で使用。

CLOTTED CREAM

クロテッド クリーム

牛乳を煮詰めて脂肪分を集めたもの。P75「カバク・タトルス」で使用。

プロご用達のお店

「TFOODS.COM」(http://www.tfoods.com/)は、製菓・菓子材料通販サイト。他では手に入りにくいドライフルーツやチョコレート、フルーツ缶、焼き型などがあります。また、インドやアジアなどのエスニック食材を豊富に扱う小売店、大手スーパー、ネット通販で手に入ることも。僕はエスニック食材店が多い東京の新大久保にもよく行きます。

※ TFOODS.COM は品切れの場合もあるので最新情報で確認を。

郷土菓子研究社

郷土菓子研究社の初めてのお店「Binowa Cafe」は
2016年7月、東京・原宿にオープンしました。
今はウェブショップで郷土菓子をお届けしています。

「Binowa cafe」は作っている様子が分かるオープンキッチンスタイルのお店でした。

旅をしながら毎月発行していた「THE PASTRY TIMES」が壁一面に。

「Binowa Cafe」の店内には、郷土菓子の写真を数多く展示していました。

人気のお菓子は今もネット通販でお客様に楽しんでいただいています。

世界を旅した相棒の自転車。
今でも現役で活躍中

郷土菓子研究社
https://www.kyodogashi-kenkyusha.com/

ポルヴォロンやシェチェルブラなど、人気の郷土菓子を食べてみたい方は、郷土菓子研究社のウェブサイトへアクセスしてみてください。ネット通販でお届けします。

著者紹介

郷 土 菓 子 研 究 社 ・

林 周作

Shusaku Hayashi

世界の郷土菓子職人。
1988 年、京都府生まれ、2008 年、エコール辻大阪フランス・イタリア料理課程卒業。
2012 年6月から自転車でユーラシア大陸を横断し、郷土菓子専門紙「THE PASTRY TIMES」を発行。2016 年7月、東京・原宿に「Binowa Cafe」（現在は閉店）、2021 年 11 月、東京・三軒茶屋に「JOURNEY」をオープン。2019 年に世界6大陸の旅を達成。調査した郷土菓子は 500 種以上、訪問国は 50カ国以上。
著書に『THE PASTRY COLLECTION』『THE PASTRY COLLECTION PART2』（KADOKAWA/ エンターブレイン）がある。
https://www.kyodogashi-kenkyusha.com/

Staff

撮影	下村しのぶ（カナリアフォトスタジオ）
撮影アシスタント	島田佳代子（カナリアフォトスタジオ）
デザイン	加藤京子、我妻美幸（Sidekick）
スタイリング	岩﨑牧子
企画・構成	角田奈穂子（フィルモアイースト）
編集	佐藤麻美

参考サイト PAPERSKY（https://papersky.jp/）
FUDGE（https://fudge.jp/）

★本書の内容に関するお問い合わせは、お手紙かメール（jitsuyou@kawade.co.jp）にて承ります。恐縮ですが、お電話でのお問い合わせはご遠慮くださいますようお願いいたします。

旅して見つけた！ 地方に伝わる素朴なレシピ
世界の郷土菓子

2017 年 4 月 30 日　初版発行
2023 年 5 月 20 日　新装版初版印刷
2023 年 5 月 30 日　新装版初版発行

著者　郷土菓子研究社・林周作
発行者　小野寺優
発行所　株式会社河出書房新社
〒 151-0051
東京都渋谷区千駄ヶ谷 2-32-2
03-3404-1201（営業）
03-3404-8611（編集）
https://www.kawade.co.jp/
印刷・製本　凸版印刷株式会社

Printed in Japan
ISBN978-4-309-29286-1

※本書は 2017 年 4 月小社刊『旅して見つけた！ 地方に伝わる素朴なレシピ　世界の郷土菓子』を新装したものです。